トクトク 問題シール

保護者の方へ
- 「トクトク問題シール」は，問題を解くのに使うシールです。
- 使わなかったシールは，「ごほうびシール」として，ご自由にご使用ください。

▼ 4ページ　まちシール

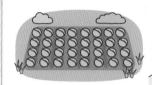

▼ 10ページ　地図記号シール

▼ 12ページ　場所シール

▼ 11ページ　方位シール

▼ 16ページ　まちの方位シール

▼ 18ページ　公共しせつシール

▼ 21ページ　たてものシール

▼ 29ページ　売り場シール

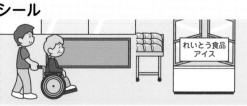

トクとトクイになる! 小学ハイレベルワーク
1・2年 社会 もくじ

【写真提供】朝日新聞社，Cynet Photo，PIXTA

※本書に掲載の地図は，紙面の都合により一部の離島等を省略
　している場合があります。

✦特別ふろく✦

1 🗐 シール　　トクトク問題シール

2 🖥 WEBふろく　自動採点CBT

WEB CBT(Computer Based Testing)の利用方法

コンピュータを使用したテストです。パソコンで下記 WEB サイトへア
クセスして，アクセスコードを入力してください。スマートフォンでの
ご利用はできません。

アクセスコード／**Asbbbbb9**

https://b-cbt.bunri.jp

この本の特長と使い方

この本の構成

標準レベル ✛

知識を確認し，実力をつけるためのステージです。

標準レベルの問題をまとめた構成になっています。資料や図を参考にしながら問題に取り組んでみましょう。

「ノートにまとめる」では，覚えておきたい大切なポイントをまとめています。

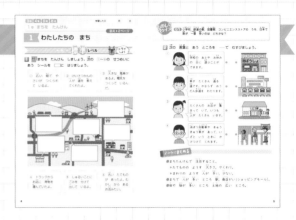

ハイレベル ✛✛

少し難度の高い問題で，応用力を養うためのステージです。

地図やグラフ，文章資料など，複数の資料を元に考えてみましょう。多彩でハイレベルな問題で構成しています。思考力トレーニングは，知識だけでは解けない，考える問題を掲載しています。

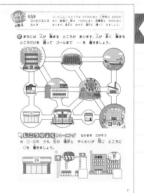

特集 社会のはかせ

その章に関係のある内容を楽しくまとめた特集ページです。

より理解が深まり，社会の内容がもっと好きになるようなことがらをとりあげています。

気になったことは，本やインターネットなどで調べて，さらに学びを深めていくと良いでしょう。

とりはずし式 答えと考え方

丸つけをしやすい縮刷の形になっています。単元のねらいは「ポイント」に，重要事項や補足は解説を設けています。

まちがえた問題は，時間をおいてから，もう一度チャレンジしてみましょう。

『トクとトクイになる！小学ハイレベルワーク』は，教科書レベルの問題ではもの足りない，難しい問題にチャレンジしたいという方を対象としたシリーズです。段階別の構成で，無理なく力をのばすことができます。問題にじっくりと取り組む経験によって，知識や問題に取り組む力だけでなく，「考える力」「判断する力」「表現する力」の基礎も身につき，今後の学習をスムーズにします。

おもなコーナー

学習内容に関連した豆知識をクイズ形式で紹介しています。答えたクイズはいろいろな人に紹介してみましょう。

ノートにまとめる

単元で学習する内容を，ノートの形式にまとめています。くり返し読んで，ポイントを確認しましょう。

しこうりょく トレーニング

思考力・判断力・表現力を養う問題を取り上げています。
図や資料を見ながら，答えをみちびきましょう。
むずかしい問題には、ヒントもついています。

役立つふろくで，レベルアップ！

❶ トクとトクイに！ トクトク問題シール

問題を解くときに使うシールです。どのシールを貼れるか考え，楽しみながら社会の学習を進めることができます。

❷ 一歩先のテストに挑戦！ 自動採点 CBT

コンピュータを使用したテストを体験することができます。専用サイトにアクセスして，テスト問題を解くと，自動採点によって得意なところ（分野）と苦手なところ（分野）がわかる成績表が出ます。

「CBT」とは？

「Computer Based Testing」の略称で，コンピュータを使用した試験方式のことです。
受験，採点，結果のすべてがWEB上で行われます。
専用サイトにログイン後，もくじに記載されているアクセスコードを入力してください。

https://b-cbt.bunri.jp

※本サービスは無料ですが，別途各通信会社からの通信料がかかります。
※推奨動作環境：画角サイズ　10インチ以上　　横画面
　[PCのOS] Windows10以降　　[タブレットのOS] iOS14以降
　[ブラウザ] Google Chrome（最新版）　Edge（最新版）　safari（最新版）
※お客様の端末およびインターネット環境によりご利用いただけない場合，当社は責任を負いかねます。
※本サービスは事前の予告なく，変更になる場合があります。ご理解，ご了承いただきますよう，お願いいたします。

答え▶2ページ

1 わたしたちの まち

標準レベル  トライ しよう

1 まちシール まちを たんけん しましょう。次の ①～⑥の せつめいに あう シールを □に はりましょう。

① 広い 畑で やさいが つくられて いるよ。

② けいさつかんの 人が 道を 教えてくれたよ。

③ 大きな 風車が あるよ。電気を つくって いるんだ。

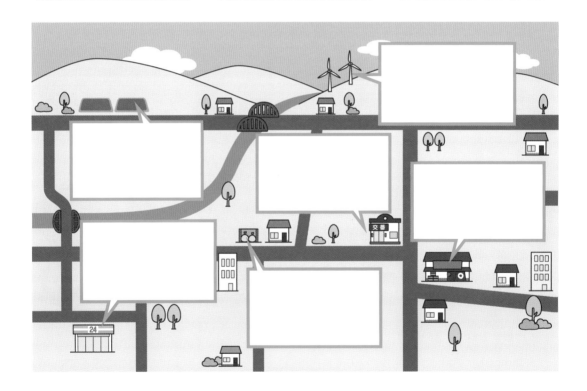

④ トラックから お店に 荷物を 運んでいたよ。

⑤ しゅるいごとに ごみを 分けて 出して いるよ。

⑥ 古い たてものが あったよ。むかし から ある お店みたい。

2 次の　言葉と　あう　ところを　——で　むすびましょう。

①

学校の　あとや　お休みの　日に　遊ぶことが　できます。

●　　●

②

車が　たくさん　通る　道です。かならず　おうだん歩道を　わたります。

●　　●

③

たくさんの　お店が　集まって　いて，いつも　人が　たくさん　います。

●　　●

④

消ぼう自動車や　きゅうきゅう車が　あって，いざと　いう　ときに　かけつけて　くれます。

●　　●

ノートにまとめる

● まちたんけんで　注目すること。

▶ たてものの　ようす　大きさ，やくわり。

▶ まわりの　ようす　人が　多い，少ない。

● まちで　人が　多い　ところ　駅，商店がい（ショッピングモール）。

● 田や　畑が　多い　ところ　土地の　広い　ところ。

1 わたしたちの まち

答え▶2ページ

✦✦✦ ハイ レベル　　　　マスターしよう

❶ あとの ①～④の 話に あう ところを 絵の 中から さがして, ○を 書きましょう。

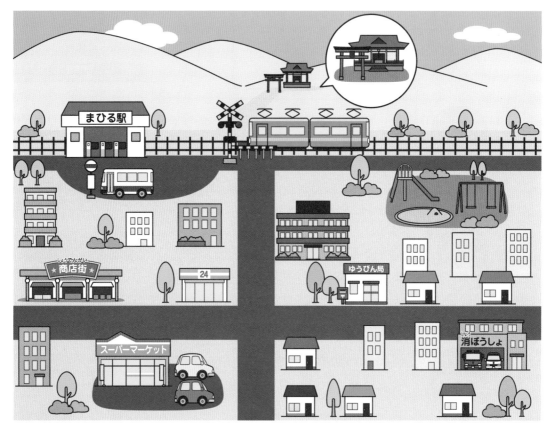

① 夏の お祭りに 行ったよ。100年前に つくられた たてものも あるんだって!

② ちらしを 見て お米を 買いに 行ったよ。肉や やさいも まとめて 買ったよ。

③ 電車に 乗ることが できるよ。朝は 人が 多くて こんでいるよ。

④ 手紙や にもつを おばあさんに 送りに 行ったよ。

Q1
コンビニエンスストア

コンビニエンスストアは 57000ほど，小学校は 20000ほど，鉄道の 駅は 10000ほど，図書館は 3000ほど あります。身近な ほかの 場所も 調べて みましょう。

2 まちには 人が 集まる ところが あります。人が 多く 集まる ところだけを 通って ゴールまで ── を 書きましょう。

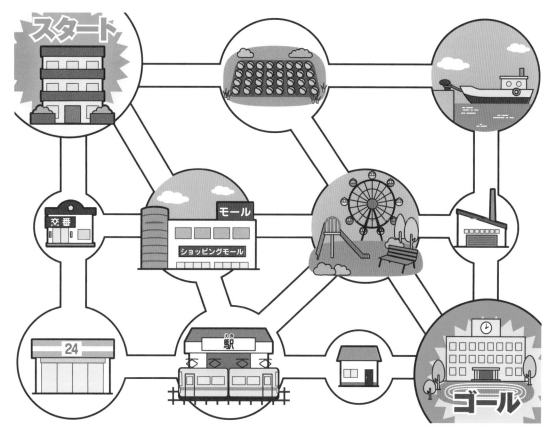

💡 **しこうりょく トレーニング** なかまを さがそう

⭐ ①・②の うち，左の 場所と やくわりが 同じ ところに ○を 書きましょう。

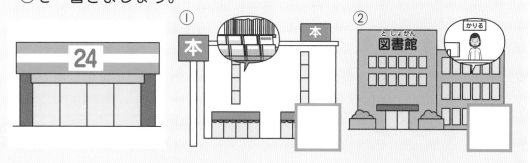

2 地図と　地図記号

標準レベル　トライしよう

1 ⓐは，まちの　ようすを　かいた　絵地図です。ⓘは　ⓐの　絵を　地図記号で　表した　地図です。あとの　問いに　答えましょう。

ⓐ　絵地図

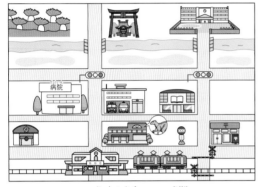

ⓘ　地図記号を　使った　地図

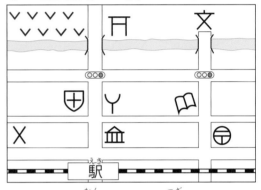

(1) ⓐの　図書館の　左に　ある　しせつは　何ですか。次のうち，あてはまる　しせつの　絵に　○を　書きましょう。

消ぼうしょ

学校

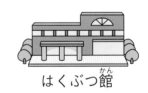

はくぶつ館

(2) 次の　場所を　表す　地図記号を　──で　むすびましょう。

① 　　　●

② 　　　●

③ 　　　●

●　
「とりい」の　形

●　
土から　出た　葉の　形

●　
開いた　本の　形

ものしり？クイズ Q2 次のうち　むかしは　あったけれど　今は　使われなくなった　地図記号は　どれ？

あれ地　　竹林　　ぶどう畑

2 場所を　人に　つたえる　ときは　北・南・西・東の　「方位」を　使うと　べんりです。次の　地図の　◯の　方位を　それぞれ　なぞりましょう。

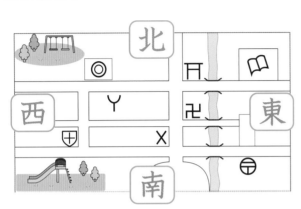

▼ 方位を　しめす　記号

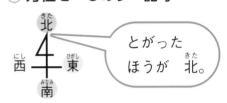

とがった　ほうが　北。

地図は，ふつう　上が　北に　なって　います。

ノートにまとめる

● まちの　しせつや，土地の　ようすは　地図記号で　表す。

‖	田。いねを　かり取ったあとの　形。	○	かじゅ園。横から見た　くだものの　形。
∴	茶畑。お茶の　実を　半分に　切った　ときの　形。	✕	交番。けいぼうをこうささせた　形。
卍	寺。「まんじ」と　いう記号から　できた。	Y	消ぼうしょ。「さすまた」という　道具の　形。
仚	老人ホーム。たてものの中は　「つえ」。	⚇	風車。円の　まわりにはねが　3本　ある。

● 方位　北・南・西・東を　四方位と　いう。

▶ 正しい　方位は
「方位じしん」で　調べる。

色つきの　はりを北に　あわせる。

9

2 地図と　地図記号

答え▶3ページ

★★★ **ハイ**レベル　　　　マスター
しよう

1 次の　地図を　見て，あとの　問いに　答えましょう。

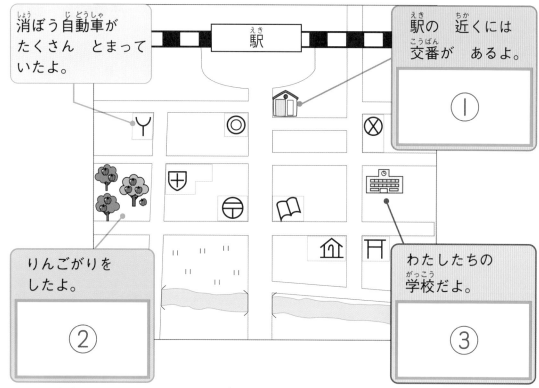

消ぼう自動車が
たくさん　とまって
いたよ。

駅の　近くには
交番が　あるよ。

①

りんごがりを
したよ。

②

わたしたちの
学校だよ。

③

(1) 地図記号シール　まちたんけんで　気がついた　ことを　カードに　まとめて
います。①〜③の　場所に　あう　地図記号の　シールを　地図の
▢の　中に　それぞれ　はりましょう。

(2) 次の　絵に　あう　地図記号を　地図の　中から　さがして　▢
に　地図記号を　書きましょう。

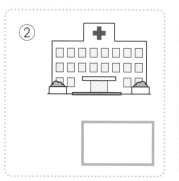

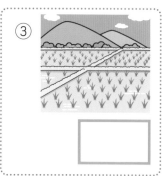

150年ほど 前の 地図には ぶどう畑の 記号が あり ましたが ほどなく 使われなく なりました。地図記号は その時 その時に あわせて かわって いきます。

② 右の 絵地図を 見て 次の 問いに 答えましょう。

(1) 方位シール 絵地図は, 上 が 北を しめしま す。絵地図の 中の ◯に あう 向き で シールを はり ましょう。

(2) 次の せつめいが 絵地図と あって いれば ◯を, まちがって いれば ×を ( )に それぞれ 書 きましょう。

① ( ) 交番は, 市役所の 東がわに あります。

② ( ) 市役所は, 図書館の 北がわに あります。

③ ( ) ゆうびん局は, 駅から 見て 南に あります。

④ ( ) 図書館は, 病院の 西がわに あります。

 しこうりょく トレーニング あう ものを さがそう

★ 次の 話に あう 地図に ◯を 書きましょう。

小学校は, はくぶつ館の 東に あります。

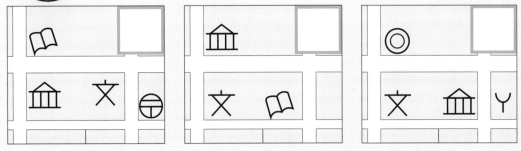

答え▶4ページ

1章 まちを たんけん

3 地図を 読もう

 標準レベル　　　 トライ しよう

1 地図からは，近さや 遠さ，地面の 高さが わかります。次の 地図を 見て，あとの 問いに 答えましょう。

(1) ゆうびん局から 一番 遠くに ある ところに ○を 書きましょう。

神社　　　　　交番

田

(2) 学校と 図書館は 「地図のものさし」で いくつ分 はなれていますか。あてはまる ものに ○を 書きましょう。

2つ分　　　4つ分　　　7つ分

(3) 場所シール 地図の 色は じっさいの 地面の 高さを 表しています。地図の 色を 見て，次の □ の 文に あう シールを 文の 上に はりましょう。

| ひくいところに ある | 少し高い ところに ある | 高いところに ある |

Q3 「老人ホーム」の 地図記号を つくったのは どのような 人？

2 地図を 見ながら，→の 道あんないを カードに まとめて います。あとの 問いに 答えましょう。

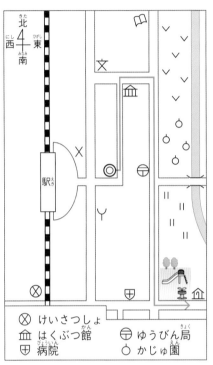

① 市役所を 出発して 北に 進みます。 ☐

② はくぶつ館の 角を 東に 曲がります。 ☐

③ 畑に つきあたったら 南に 進みます。 ☐

④ 公園の となりに もくてきの 老人ホームが あります。

（1） ①～③の カードを 読んで，☐に 目じるし となる ものの 地図記号を 地図を 見ながら 書きましょう。

（2） ④の カードを 読んで 地図の 中の もくてきの たてものに ○を 書きましょう。

ノートにまとめる

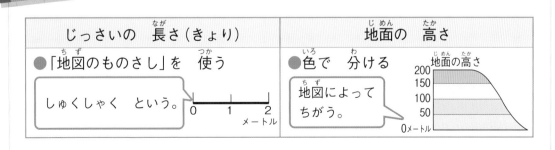

じっさいの 長さ（きょり）	地面の 高さ
●「地図のものさし」を 使う	●色で 分ける
しゅくしゃく という。	地図によって ちがう。

3 地図を 読もう

答え▶4ページ

★★★ ハイ レベル ……… マスター しよう

❶ 右の 地図と 図を 見て，次の 問いに 答えましょう。

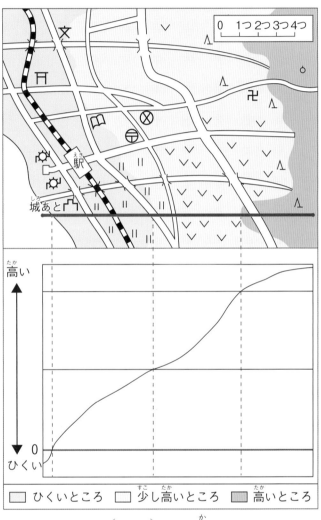

(1) 図書館から 次の ①・②までは，「地図の ものさし」で めもり いくつ分 はなれて いますか。あう 数字を（　　）に 書きましょう。

① 学校

（　　）つ分

② けいさつしょ

（　　）つ分

(2) 右の 図は 地図の ──の 部分を 横から 見た ようすです。地図と 同じ 高さを 表すように，図に 色を ぬりましょう。

□ ひくいところ　□ 少し高いところ　■ 高いところ

(3) 地図の 正しい せつめいに ○を（　　）に 書きましょう。

①（　　）公園の 近くに 川が 流れて いる。

②（　　）土地の 高い ところは，東がわに 多い。

③（　　）土地の 少し 高い ところには，たてものが まったく ない。

④（　　）駅からは 神社より 図書館の ほうが 近い。

小学生が 考えた ものが 2006年から 使われて います。
自分の 地図記号を 考えて みましょう。

② 次の せつめいに あうように 通った 道じゅんを，地図に ⟶ で 書きましょう。

駅を 出て，南へ 進みます。市役所を 通りすぎたら 3つ目の 角を 西に 曲がりましょう。
かじゅ園の 手前を 左に 曲がると はくぶつ館 です。

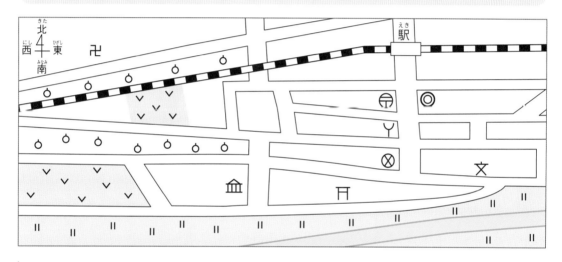

しこうりょくトレーニング　正しいのは どちら？

★ 道じゅんの せつめいに あう 地図に ○を 書きましょう。

① 学校の 前を 西に 行きます。

② 図書館の 前を 南に 曲がります。

③ 畑の 間を 南に 進みます。

④ 交番の 前を 通りすぎると 右に ゆうびん局が あります。

答え▶5ページ

特集　めざせ　社会のはかせ❶

方位や　地図の　ひみつ

🔍 まちの方位シール　まちの　中では　いろいろな　ところで　「方位」を　見つける　ことが　できます。次の　絵地図に　あう　方位を　使った　場所の　シールを　□に　はりましょう。

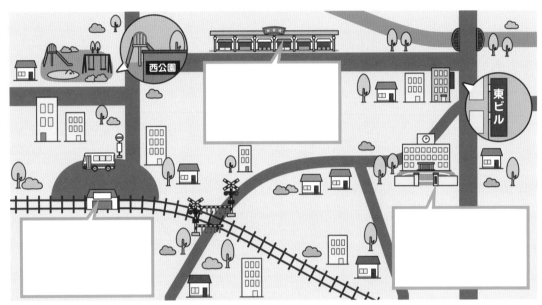

🔍 地図には　わかりやすく　する　ための　くふうが　あります。

しゅくしゃく

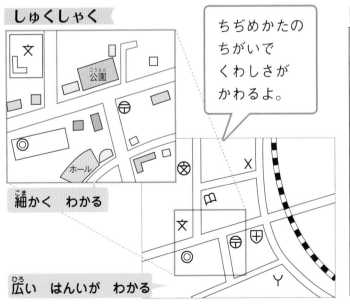

ちぢめかたの　ちがいで　くわしさが　かわるよ。

細かく　わかる

広い　はんいが　わかる

等高線

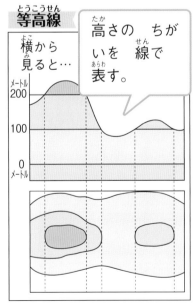

高さの　ちがいを　線で　表す。

横から　見ると…

メートル
200

100

0
メートル

地図づくりに ちょうせんしましょう。自分の 家や 知って いる 場所を 中心に 書き，たてものは，地図記号で 書いてみましょう。使った 地図記号は 【記号の れい】の □に 書き足しましょう。

【記号の れい】

📖 図書館　　文 学校　　Y 消ぼうしょ　　X 交番　　⊞ 病院　　∥ 田　　∨ 畑

▼ そのほかの 地図記号

記号	意味	記号	意味
▬●▬	鉄道と 駅	⌂	きねんひ
⌣	橋	⊓	城あと
☼	発電所・変電所	Q Λ	森林
🏛	はくぶつ館，びじゅつ館	◎	市役所

自分だけの 地図記号を 考えてみても いいね。

4 みんなの 公共しせつ

標準レベル

トライ
しよう

1 次の 絵地図は まちの ようすを かいた ものです。右ページの
問いに 答えましょう。

ちいきの みんなの くら
しを 助ける しせつを
公共しせつと いうよ。

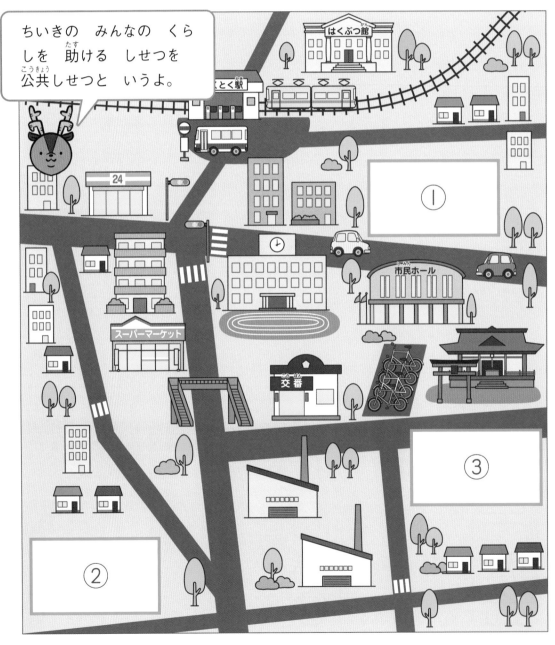

ものしり？クイズ　Q4　日本の　国が　つくった　道の　長さは　全部で　どのくらい？
ア　地球1しゅうより　長い　　イ　地球10しゅうより　長い
ウ　地球30しゅうくらい

(1) ［公共しせつ シール］　絵地図の　□には　次の　カードに　あう　公共しせつ　が　あります。あう　シールを　□に　はりましょう。

① 本を　読んだり　かりたり　できる。	② 運動したり　遊んだり　できる。	③ 病気の　ときに　行く。

(2) 絵地図には，(1)の　ほかにも　公共しせつの　たてものが　4つ　あります。絵地図の　公共しせつに　あたる　場所に　○を　書きましょう。

(3) まちには，みんなの　いどうを　助ける　乗り物が　あります。次の　①・②の　文に　あう　乗り物を　絵地図から　さがして　絵に　△を　書きましょう。
① 線路の　上を　走って　たくさん　人や　荷物を　運べる。
② 道路を　走る。ていりゅう所で　乗ったり　おりたり　できる。

ノートにまとめる

● だれでも　使う　ことが　できる　しせつは　公共しせつ。
▶ 学校，図書館，じどう館，病院，公園など。
▶ 道，橋など　みんなが　通る　ところも　ふくまれる。

● みんなの　ための　乗り物を　公共交通きかんと　いう。
▶ バス，タクシー，鉄道，船，ひこうきなど。

学習した日　　　月　　　日

4 みんなの　公共しせつ

答え▶6ページ

✦✦✦ ハイ レベル ……… マスター しよう

1 まちで　見られる　ものを　公共しせつと　乗り物に　分けました。あとの　問いに　答えましょう。

▼公共しせつ

▼乗り物

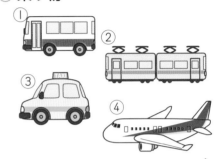

(1) 絵の　公共しせつのうち　あなたが　行った　ことの　ある　絵に
　○を　書きましょう。

(2) 次の　ときは　絵の　中の　どの　乗り物を　使うと　よいですか。
　絵の　番号を　書きましょう。

●（　　　）家の　前から　急いで　行きたい　とき。

●（　　　）外国に　行きたい　とき。

2 次のような　とき, どの　しせつに　行きますか。カードと　絵を
　——で　むすびましょう。

| ① 道じゅんを　聞きたい。 | ② むかしの　くらしを　調べたい。 | ③ 運動したり, 遊んだり　したい。 |

●　　　　　　　　●　　　　　　　　●

●　　　　　　　　●　　　　　　　　●

ものしり
クイズ
の答え

Q4 ア
地球1しゅう
より 長い

日本の 国が つくる 道を 国道と いいます。国道の
長さを 足すと 地球 1しゅう（およそ 40000 キロメート
ル）よりも 少し 長い 55826 キロメートル になります。

❸ 次の 文は はくぶつ館への 行きかたを 書いた ものです。あと
の 絵地図を 見て，問いに 答えましょう。

　電車で 中央駅まで 行きます。駅前から バスに 乗り，東に
進んで 「はくぶつ館北」で おります。そこから 南に 歩き，交
番の ある 角を 左に 曲がると はくぶつ館が あります。

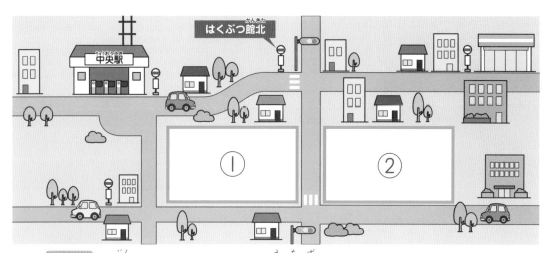

(1) ┌たてもの┐ 文に あうように 絵地図の □に あう シールを
　　└シール ┘
はりましょう。

(2) バスていで バスを おりてから はくぶつ館までの 道じゅんを
絵地図の 中に ⟶で 書きましょう。

💡 **しこうりょく** トレーニング　なかまはずれは どれ？

⭐ 次の うち，やくわりが ちがう 公共しせつを 1つ さがし
て □に ○を 書きましょう。

答え▶6ページ

5 まちに ある くふう

標準レベル  トライ しよう

1 次の 絵は まちの ようすを 表して います。①〜④の カード に あう ところを さがして 絵に ○を 書きましょう。

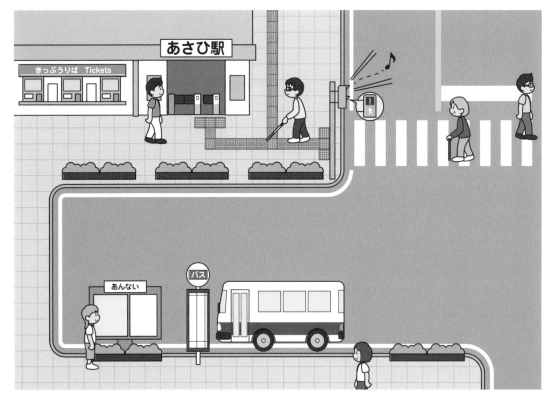

① 日本語が わからない 人 の ために 外国の 言葉が 書いて ある。
Station Area Bus Guide
站周辺
巴士乗車処指南

② 音で 青信号に かわった ことを 知らせる。

③ 目の ふじゆうな 人が 安全に 歩くための あんない。

④ 歩く 人が 道を 安全に わたれる 場所を しめして いる。

2 次の　写真の　しせつは　どのような　くふうですか。あう　カードを　——で　むすびましょう。

(1)

車と　車, 車と　人が　ぶつからないようにする　くふう。

(2)

車いすや　ベビーカーで　いどうする　人を　助ける。

(3)

車や　人が　歩道や　車道に　とび出す　ことを　ふせぐ。

ノートにまとめる

●まちの　人の　安全を　守る　くふう

▶おうだん歩道→車道を　安全に　歩いて　わたれる。

▶信号機→歩行者や　自動車などの　安全を　守る。

▶ガードレール→歩道と　車道を　分け, 安全に　通行できる。

●だれもが　安心して　くらせる　くふう

▶点字ブロック→目の　ふじゆうな　人が　安心して　歩ける。

▶外国語の　あんない→日本語が　わからない　人に　つたえる。

5 まちに ある くふう

答え▶7ページ

ハイレベル　マスターしよう

❶ 次の 絵は まちの ようすを 表して います。あとの ①～④の うち, 絵に あう 文を 2つ えらんで （　　）に ○を 書きましょう。

①

②

③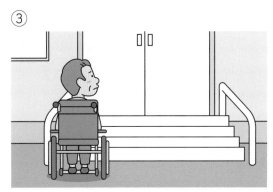

④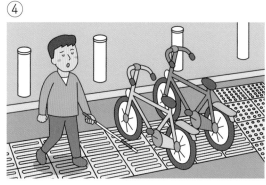

①（　　）おうだん歩道や 信号機が なくて 車の 多い 道路を わたることが できない。

②（　　）ベビーカーを おして, かいだんの となりに ある スロープを 上がる 人が いる。

③（　　）お店の 入り口に だんさが あって, 車いすでは 入ることが できない。

④（　　）点字ブロックの 上に 自転車が とめて あって, 目の ふじゆうな 人が 進むことが できない。

点字ブロックは，およそ 60年前に 岡山県に 初めて お
かれました。進む 向きを しめす 線の ブロックと，注
意を しめす 点の ブロックの 2しゅるいが あります。

❷ 次の ①〜③の 絵を 見て，あとの 文の { } に あう 言
葉に ○を 書きましょう。

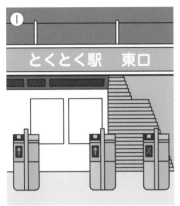
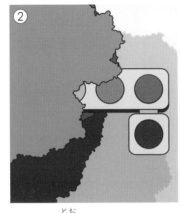
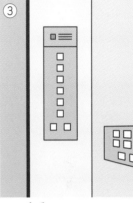

① ベビーカーや 車いすが 通りやすいように，通路を
 { 広く　せまく } して ある かいさつです。

② 木の 葉に かくれても，{ 青　赤 } 信号は
 見える ように なっています。

③ 車いすの 人の ために エレベーターの ボタンが
 { 高い　ひくい } ところに つけられて います。

💡 **しこうりょくトレーニング** くらべて みよう

⭐ 次のうち，雪が 多い ちいきの 信号機は どちらですか。あ
 う ほうに ○を 書きましょう。

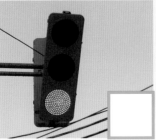

> ❗ ヒント
> 雪が つもると…？

めざせ　社会のはかせ❷

答え▶7ページ

空から　まちを　見て　みよう

🔍 いろいろな　まちを　空から　見た　写真を　集めました。写真の
まわりの　カードの　ように　学校や　駅，公園など　気になる　場所
に　○を　つけて　みましょう。

大きな　校庭が　いく
つか　あるね。どんな
学校　なんだろう。

写真1　愛媛県　松山市

まちの　中に　大きな
お城が　あるよ。

まちの　中に
線路が　見えるよ。

写真2　東京都　墨田区／台東区

写真3　埼玉県　行田市

写真4　神奈川県　横浜市

住んで いる まちと どこ が ちがうか な。

6 お店の 仕事①

レベル トライ
しよう

1 まちに ある お店に ついて, 次の 問いに 答えましょう。

(1) ①〜④の 人に あう お店を —— で むすびましょう。

① おそくまで 仕事を した 日でも 買い物を したい。

② くわしい 人に 相談して プレゼントを 買いたい。

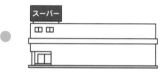

③ 毎日の 食べ物や 日用品を 安く 買いたい。

④ お店に 行かずに 買い物を したい。

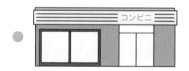

(2) 買い物や お店の しくみに ついて, 正しい 文には ○を, まちがって いる 文には ×を （　）に 書きましょう。

① （　）すべての お店で いつも 同じ 品物を 買う ことが できます。

② （　）商店がいは, 肉屋さんや 薬屋さんなどの せんもん店が 多く ならんで いて, 買い物を するのに べんりです。

③ （　）お店の 中には じっさいの お金を 持たずに 買い物 が できて, あとで しはらう ところも あります。

ものしりクイズ **Q7** 「コンビニエンスストア」の 「ストア」は 英語で お店の 意味。
では,「コンビニエンス」は どんな意味？

小さな べんりな なんでも ある

2 売り場シール 次の 絵は, スーパーマーケットの 売り場です。あとの ①〜
③の くふうに あう シールを ☐に はりましょう。

やさい
くだもの

のみもの
にく

コーヒー
おかし

① ねだんが わか
りやすい。

② 何が どこに
あるのか わかる。

③ 車いすが 通り
やすい。

ノートにまとめる

パソコン・スマートフォン
を 使う インターネット
ショッピングも あるね。

▶スーパーマーケットには, いろいろな
食べ物や, せんざいなどの 日用品が ある。

▶コンビニエンスストアは, 朝早くや 夜おそくも 開いている。
お店は あまり 大きくは ないが 品物の しゅるいが 多い。

▶せんもん店は, 肉, やさいなど きまった 物を 売る。

●商店がいや ショッピングモールは いろいろな お店が ならぶ。

★★★ ハイ レベル ……… マスター しよう

❶ 次の　地図は，ミナさんの　家の　まわりの　お店の　ようすです。あとの　(1)〜(3)の　ときに　行く　お店の　番号を　書きましょう。

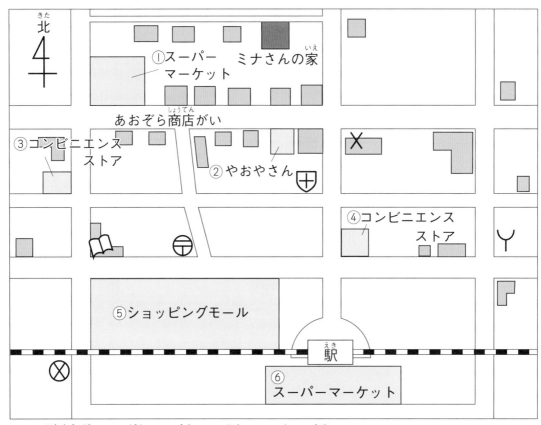

(1) 日曜日に　車で　駅の　西に　買い物に　行きます。ここは　車を　とめる　場所が　広くて　お店が　集まって　いるので，一度に　たくさんの　買い物が　できます。

(2) お母さんは，仕事の　あとに　買い物を　します。買うもの　が　やさいだけなら，病院の　近くの　商店がいに　ある　せんもん店で　買い物を　すませるそうです。

(3) お父さんは，朝　電車に　乗る　前に　駅に　近い　コンビニエンスストアで　お茶を　買います。スマートフォンで　しはらいが　できるので　べんりだそうです。

ものしり
？クイズ
の答え　**Q7**　べんりな

「コンビニエンス」は　「べんりな」という　意味。今では，
銀行に　お金を　あずけたり，引き出したり，えいがなどの
チケットを　買ったり　する　ことも　できます。

❷ 次の　絵は，ある　スーパーマーケットの　売り場の　ようすです。
絵と　あう　文の　（　　）に　〇を　書きましょう。

そうざい（弁当売り場）

わたしが
つくりました

地元産 キャベツ

① （　　　）そうざいは，手間が　かかるので，店内では　つくらない。

② （　　　）つくられた　場所や　ねだんを　大きく　書いて　売り場に
おく。

③ （　　　）お米など　重い　ものは，レジから　はなれた　店の　おく
に　ある。

④ （　　　）肉や　魚は，店内で　切って　しんせんな　うちに　売り場
に　ならべている。

💡 **しこうりょく トレーニング**　　なかま　はずれを　さがそう

⭐ 次の　絵は　スーパーマーケットで　行って　いる　とりくみで
す。ほかの　ものと　もくてきが　ちがう　とりくみ　1つに　〇
を　書きましょう。

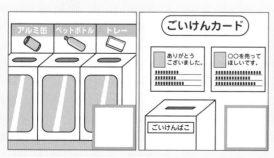

アルミ缶　ペットボトル　トレー

ごいけんカード

ありがとう
ございました。

〇〇を売って
ほしいです。

ごいけんばこ

トレーを使わずに
売っています。

ノントレー肉

❗ヒント

ごみを　へら
す　とりくみ
では　ないも
の。

7 お店の 仕事②

標準レベル  トライ
しよう

1 スーパーマーケットには，お客さんの ねがいを かなえるための さまざまな くふうが あります。はたらく 人の くふうに あう お客さんの ねがいを まとめた カードを ── で むすびましょう。

ちらしの品

よく
見えるように
ならべます。

● ●

今日 食べきることが で きるように ほしい分だけ 買いたい。

● ●

まちがいが ないように すばやく 正しく お金を しはらいたい。

パックして
ならべます。

キャベツ

● ●

ちらしに のって いた 品物を 見つけやすく して ほしい。

● ●

ほしい 品物が ほしい と きに 買えるように 品切れ が ないように してほしい。

ものしり？クイズ **Q8** 日本で はじめて スーパーマーケットが できたのは いつ？

およそ 100年前　　　およそ 70年前　　　およそ 40年前

2 次の スーパーマーケットの 売り場に ならぶ ①〜④の 品物が どこから きたか，□に 番号を 書いて 分けましょう。

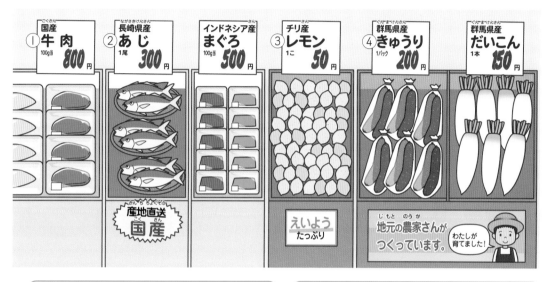

①国産 牛肉 100gヨ **800** 円
②長崎県産 あじ 1尾 **300** 円
③インドネシア産 まぐろ 100gヨ **500** 円
③チリ産 レモン 1こ **50** 円
④群馬県産 きゅうり 1パック **200** 円
群馬県産 だいこん 1本 **150** 円

産地直送 国産

えいよう たっぷり

地元の農家さんが つくっています。　わたしが 育てました！

日本で つくられた □

外国で つくられた □

ノートにまとめる

● スーパーマーケットには お客さんの ねがいに あわせた くふうが ある。

● 品物は どこから？

　▶ ねふだや 品物の パッケージを 見ると 産地が わかる。

　やさいや くだもの，魚や 肉が とれた ところを 産地と いうよ。

　▶ 住んで いる ところで つくられた もの，日本で つくられ た もの，外国から 運ばれた もの。

✦✦✦ **ハイ**レベル ………… マスターしよう

❶ スーパーマーケットに　ついて，次の　問いに　答えましょう。

(1)　絵の　スーパーマーケットの　くふうに　あう　せつめいを，あと
　　の　①～④の　カードから　えらび，番号を　□に　書きましょう。
　　使わない　カードも　あります。

①　さがしやすいように　品物
　や　ねふだの　向きを　そろ
　えて　ならべて　います。

②　お客さんが　すぐに　食べ
　られるように　できたての
　おかずを　つくって　います。

③　お客さんを　待たせないよ
　うに　手早く　ねだんを　読
　みこんでいます。

④　お客さんが　まとめて　品
　物を　買えるように　カート
　を　おいて　あります。

(2)　右のような　売り場に　ならぶ　品
　物の　ねふだから　わかる　こと　す
　べてに　○を　書きましょう。

①　（　　）品物の　産地。

②　（　　）品物の　ねだん。

③　（　　）品物の　新しさ。

宮崎県産　サラダに！
きゅうり
1本
48円

日本の スーパーマーケットは，70年ほど 前に，アメリカ
の お店の しくみを もとに つくられました。お客さんが
品物を レジに 持って いく 新しい しくみでした。

② 次の スーパーマーケットの 売り場の ようすを 見て，産地が
外国の ものだけを 通って ゴールまで 進みましょう。

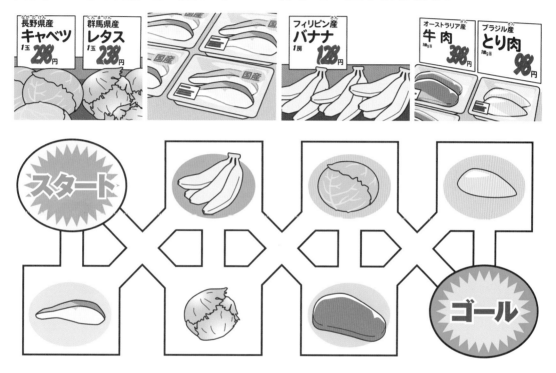

🔦 **しこうりょく**トレーニング　　あうものを さがそう

⭐ 次の ねがいに こたえる 絵を えらんで □に ○を 書き
ましょう。

だれが どのように つくったのかが
わかる ものを 買いたいな。

めざせ　社会のはかせ❸

答え▶10ページ

品物が　とどくまで

いろいろな　ところから　お店に　品物が　運ばれて　います。おもに　何を　使って　運ばれて　いますか。あとの　品物と　乗り物を　——で　むすびましょう。同じ　乗り物が　使われて　いる　ことも　あります。

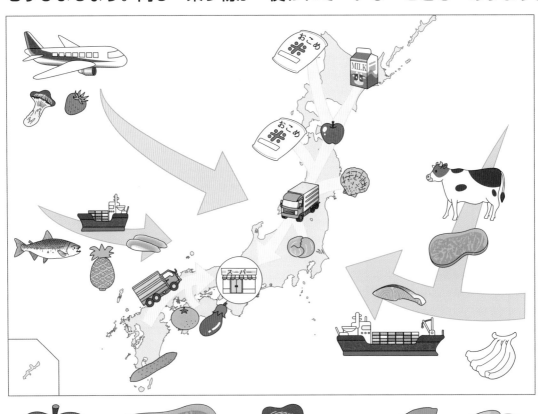

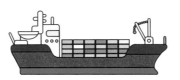

インターネットを　通じた　買い物の　流れを　まとめて　います。
買った　ものが　とどくように　→を　なぞってみましょう。

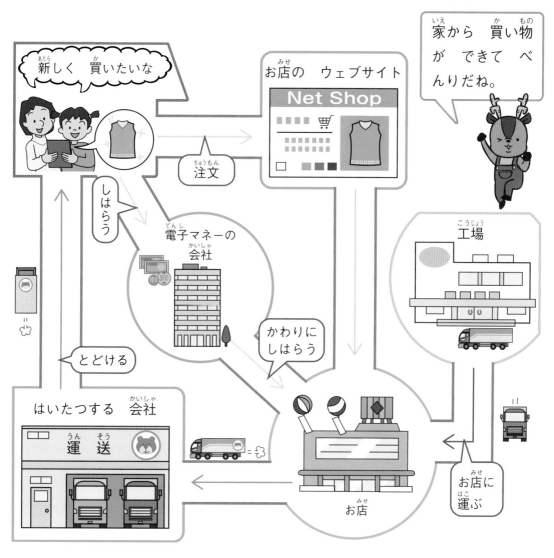

電子マネー

　インターネットを　通じて　お金を
しはらう　しくみ。じっさいの　お金が
手もとに　なくても　スマートフォンな
どで　しはらう　ことが　できる。

答え▶10ページ

8 まちを 守る① けいさつ

標準レベル

1 次の 絵は まちの 中の ようすを まとめて います。絵の 中の □の うち あぶない ところ 3つに ○を 書きましょう。

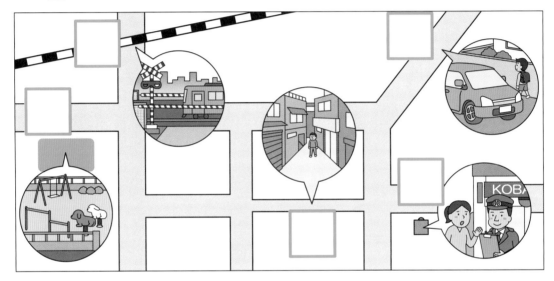

2 まちで 見られる 安全の ための とりくみに ついて, 次の 絵に あう カードを ──で むすびましょう。

ちいきの 人による 登下校の 見守り。

あぶないことがないか まちの中を 見回る。

子どもが 助けて もらえる。

3 右の 絵は じこが おきた ときの つうほうや れんらくの し
くみを しめして います。次の 問いに 答えましょう。

(1) 次の 文の □
に あう 電話番号を
書きましょう。

　□ 番
に れんらく
します。

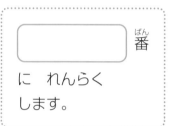

(2) 絵を 見て, 次の 文に あう ➡ の 番号を 書きましょう。
● 通信指令室から けいさつしょや パトロールカーに
しらせが 行く。　　　　　　　　　　　　　　　□

● きゅうきゅう車が 消ぼうしょから じこが おきたと
ころに 行く。　　　　　　　　　　　　　　　　□

ノートにまとめる

● まちの 中の あぶない ところ
　▶車が 多い ところ, 人が いない ところ など。
● 安全を 守る とりくみ
　▶110番→じこや じけんの ときに 電話する。
　▶けいさつかん→パトロール, 交通安全の よびかけ。
　▶ちいきの 人→見守り活動。

> じこや じけ
> んの げんい
> んを 調べる
> のも けいさ
> つかん。

8 まちを 守る① けいさつ

答え▶11ページ

✦✦✦ ハイ レベル　　　　マスターしよう

❶ 次の けいさつの 仕事の うち じこが おきないようにするための 仕事 3つ に ○を 書きましょう。

❷ 家から 学校まで 安全な ところだけを 通る ように ── を 書きましょう。

110番の 電話は 1年間に およそ 800万けん。これは 1日あたり およそ 20000けん, およそ 4びょうに 1回 つうほうが ある ことに なります。

❸ 次の 絵は, まちで 安全に すごす ための くふうです。あとの ①～③の せつめいに あう 絵を えらび 記号を （ ）に 書きましょう。

あ

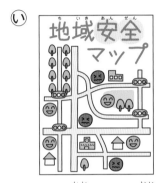
い

う

① （　） あぶない ときに 大きな 音を 出して まわりに きけんを 知らせる ことが できる。

② （　） こまった ときや 知らない 人に 声を かけられたとき, 助けを もとめる ことが できる ところ。

③ （　） まちの 中の あぶない ところや 安全な ところを まとめた 地図。自分でも つくって みると よい。

💡 しこうりょく トレーニング　くらべて みよう

⭐ 次の 3つの うち, あぶない 場所 すべてに ◯を 書きましょう。

2章 まいにちの くらし

答え▶11ページ

9 まちを 守る② 消ぼう

標準レベル  トライ しよう

1 次の 絵は 火事が おきた ときの ようすです。

(1) ①～③は 何を して いる ようす ですか。あとの ⑦～⑨から あう 記号を えらんで □に 書きましょう。

①　□

②　□

③　□

⑦　火を 消す。

⑦　けが人を 運ぶ。

⑨　ひなんを して もらう。

(2) 火事を 見つけたら どのように すれば よいですか。右の 絵を 見て, 次の 文の □に あう 電話番号を 書きましょう。

□番に 電話を かけて, 火事の 場所や けが人 が いるかを つたえます。

ものしり？クイズ

Q10 けがを して いる 人^{ひと}を 見^みたら 119番^{ばん}。では，海^{うみ}で おぼれ て いる 人を 見たら どこに 電話^{でんわ}する？

117　　　　171　　　　118

2 次^{つぎ}は 消^{しょう}ぼうせつびの 絵^えです。あとの 問^といに 答^{こた}えましょう。

あ 　　い 　　う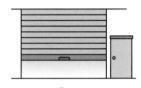

防火^{ぼうか}シャッター　　消火^{しょうか}せん　　火災^{かさい}けいほうき

(1) あ〜うと あう せつびの 名前^{なまえ}を ―― で むすびましょう。

(2) 次の 文^{ぶん}に あう 消^{しょう}ぼうせつびを あ〜うから えらび，記号^{きごう}を □に 書^かきましょう。

① 火事^{かじ}が おきると 光^{ひかり}や 音^{おと}で 知^しらせる。

② 火事^{かじ}が 広^{ひろ}がらないように 火^ひを ふせぐ。

③ 火を 消^けすための 水^{みず}を 出^だす。

ノートにまとめる

- ●消^{しょう}ぼうしょの 仕事^{しごと}
  - ▶火事^{かじ}を 消^けす。火事をふせぐ。
  - ▶急^{きゅう}な けがや 病気^{びょうき}の 人^{ひと}を 助^{たす}ける。
- ●まちでは 火事^{かじ}への そなえが ある。
  - ▶消火^{しょうか}せん，防火水^{ぼうかすい}そうなど。
- ●くんれんや 点^{てん}けんが 大切^{たいせつ}。

きゅうきゅう車^{しゃ}で 病院^{びょういん}に 運^{はこ}ぶ。手^てあても する。

防火水^{ぼうかすい}そう

水^{みず}が ためて ある。

9 まちを 守る② 消ぼう

答え▶12ページ

★ ★ ★ ハイ レベル マスターしよう

1 次の 絵と あう カードを ── で むすびましょう。

●　　　　　　　●　　　　　　　●

●　　　　　　　●　　　　　　　●

ビルの 高い 場所に いる 人を 助ける ことが できます。	病気や けがを した 人を 病院へ 運ぶ ことが できます。	ホースを つないで 水を たくさん 出す ことが できる 車です。

2 次の 絵は, 火事が おきた ときの れんらくの しくみを せつめい して います。①〜③が つたわる しせつを あとの ⑦〜⑨から えらび, □に 書きましょう。

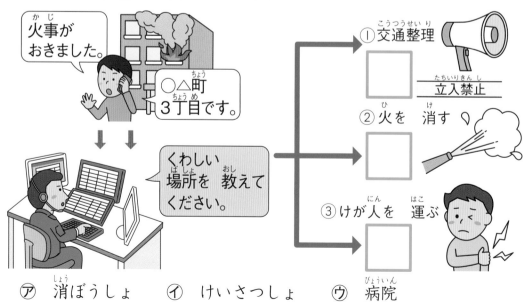

⑦ 消ぼうしょ　　　⑦ けいさつしょ　　　⑨ 病院

海の 上の じけんや じこは 118に かけます。117 は 正しい 時間を 知りたいときに，171は さいがいが おきた とき ぶじを れんらくしあう ために かけます。

❸ 次の 絵は，火事に そなえた しせつや とりくみの ようすです。火事を ふせぐ ための ものには ○を，火事が おきた ときに 早く とめる ための ものには △を それぞれ □に 書きましょう。

💡 しこうりょく トレーニング　　まちがい さがし

★ 消ぼうしょに 消ぼう車や きゅうきゅう車が とめて あります。車の 向きが 正しい ほうに ○を 書きましょう。

特集 めざせ　社会のはかせ④

答え▶12ページ

安全を　守る　ひみつ

けいさつかんの　仕事を　調べて　います。——で　むすんで　図を
かんせい　させましょう。

ある　けいさつかんの　1日

朝 9時　　きんむ交代
　10時　　パトロール

　　　　　休けい（昼食）
ごご 1時　交番きんむ
　2時　　通学路の　パトロール
　3時　　じこの　現場に　行く

24時間きんむ

夜 7時　　休けい（夕食）

　　　　　交番きんむ

しんや 10時　パトロール

　2時　　かみん

朝 7時　　通学路を　見守る
　8時30分　きんむの　終わり

持ち物

けいてき
　ふえです。交通整理の　合図に　使います。

むせんき
　けいさつしょや　パトロールカーと　れんらくが　できます。

けんじゅう

けいぼう・てじょう
　はん人を　つかまえます。

けいさつ手帳
　けいさつかんは　かならず　持って　います。

🔍 消ぼうしの 仕事を 調べて います。 —— を むすんで 図を かんせい させましょう。

ふくそうと 持ち物

防火服
　マスクと あわせて およそ10キログラムほど。1000度の 熱にも たえられる。

ヘルメット
　耳や 頭が すべて かくれる。

20キログラム ほど ある ホースを 持って 消火する ことも あるよ。

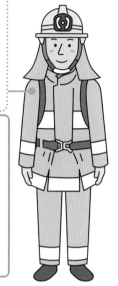

ボンベ
　火の なかでも 息が できるように せおって いる。10キログラム ある。

ある 消ぼうしの 1日

朝	8時30分	きんむ交代
	9時	くんれん
		消ぼうしょの 中にいるよ
ごご	12時	お昼休み
	1時	係の仕事 （防火教室）
24時間きんむ	5時	夕食 休けい
夜	7時	勉強会 トレーニング
しんや	10時	かみん
		いつでも 出動できる！
朝	6時	そうじ
	7時	てんけん

答え▶13ページ

10 むかしの 道具

標準レベル　トライ しよう

1 むかしの 道具と 近い はたらきを もつ 今の 道具を まとめました。むかしの 道具の せつめいに なって いる カードを あとから さがして □に 道具の 記号を 書きましょう。

⑦

④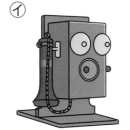

⑨

⑨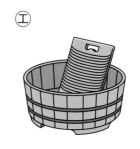

　たらいに 水を はり せんたく板の みぞを 使って よごれを 落とします。 □

　かまどで 炭や まきを もやして, はがまで お米を たきます。火かげんを 見るのが たいへんでした。 □

　はなれた ところに いる人の 番号を 係の 人に つたえて 電話を かけて いました。 □

　音楽や 音声を 聞く ことが できます。音は レコードを 読みとって います。 □

Q11 お正月に もらう 「お年玉」。むかしは お金では ない ものを もらって いました。それは 何？

2 いろいろな 道具を 古い じゅんに ならべました。近い はたらきを する 道具を 【れい】の ように ── で むすびましょう。

【れい】

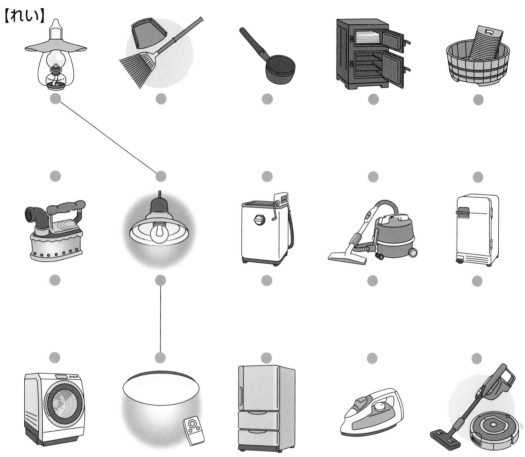

ノートにまとめる

● むかしの 道具と 今の 道具を くらべる。

むかし	今
● 人の 力で 動かす。 ● まきなどを もやして 使う。 ● 木や 石が 使われて いる ものが 多い。	● 電気の 力や コンピューターを 使った 道具が 多い。 ● きんぞくや プラスチックが 使われて いる。

49

10 むかしの　道具

答え▶13ページ

✦✦✦ **ハイ**レベル ……… マスターしよう

❶ 次の　(1)～(4)の　２つの　道具は，同じ　やくわりを　もって　います。２つの　道具の　古い　ほうを　えらんで，○を　書きましょう。

(1)

☐　　　☐

(2)
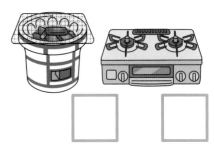
☐　　　☐

(3)
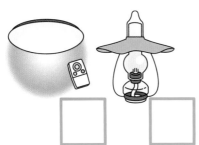
☐　　　☐

(4)
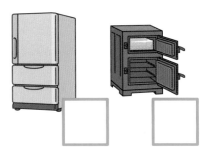
☐　　　☐

❷ 次の　道具の　はたらきを　あとの　文で　せつめいして　います。（　）に　あう　言葉を　☐から　えらんで　書きましょう。

① （　　　　　　　　　　　）道具です。

② 服の　（　　　　　　　　　）道具です。

③ 雨の　ときに　（　　　　　　　）道具です。

> へやを　あたためる　　しわを　のばす　　ぬれないように　する
> さむさを　ふせぐ　　おゆを　わかす　　ごはんを　たく

お正月の 「かがみもち」を，分けたのが はじまりと い
われて います。家族や しんせきが ふえると，用意しや
すい お金に かわって いきました。

3 次の ①～③は それぞれ 同じ はたらきを する 道具の 絵です。
道具の 古い じゅんに 1，2，3の 数字を □に 書きましょう。

① □ □ □

② □ □ □

③ □ □ □

💡しこうりょくトレーニング　　うつりかわりを 考えよう

⭐ **3**の ①～③の うつりかわりを カードに まとめました。
カードに あう ①～③の 数字を それぞれ □に 書きましょう。

┌─────────────────────┐
│ 小さく なって どこに いて   │
│ も 使える ように   □ │
│ なりました。   │
└─────────────────────┘

┌─────────────────────┐
│ きかいが 自動で するので   │
│ ほかの ことが できる   □ │
│ ように なりました。   │
└─────────────────────┘

┌─────────────────────┐
│ 広い はんいに 使えるように   │
│ なりました。 今の   □ │
│ 道具は，夏も 使います。   │
└─────────────────────┘

┌─────────────────────┐
│ ！ヒント   │
│ 今の 道具を 使って   │
│ いる ようすを 考え   │
│ て みよう。   │
└─────────────────────┘

3章 くらしの　うつりかわり

答え▶14ページ

11 むかしと　今の　くらし

標準レベル　トライしよう

1 次の　絵は　むかしと　今の　くらしの　ようすです。○に　あう　文の　記号を　あとから　えらんで　□に　書きましょう。

むかしの くらし

今の くらし

㋐　くらしに　使う　水は　いどから　くんで　運んで　いる。

㋑　むかしは　ゆかに　すわって　いたが, 今は　いすに　すわる　ことが　多い。

㋒　むかしも　今も　かわらない　行事が　ある。

㋓　むかしと　今では　着て　いる　服の　形が　かわって　いる。

Q12 1000年くらい 前 身分の 高い 女の 人は 十二単と いって 着物を たくさん 重ねて 着るように なった。さて，少なくとも どれくらいの 重さ だったかな？

2 次の カードの □に，時代が 古い ものから じゅんに 1～4 の 数字を 書きましょう。

着物が ふだんぎだった ころだね。

おじいさんが 子どもの ころの ようすだよ。

インターネットで，遠くの 人と 話しが できるよ。

お母さんが 生まれた ころの ようすだよ。

ノートにまとめる

●むかしと 今では くらしの ようすが かわって いる。

▶着て いる ものが 着物から 洋服に なった。

▶和食だけでは なく 洋食も 食べるように なった。

▶電気で 動かす べんりな 道具が ふえた。

●むかしから つづいて いる 行事も ある。

▶お正月，ひなまつり，

たんごの せっく（子どもの 日）など。

おうちの 人 に むかしの ようすを 聞 いてみよう！

11 むかしと 今の くらし

★★★ ハイ レベル ……… マスターしよう

❶ 次の 絵は, むかしの くらしの ようすです。むかしの くらしに
あわない ところを 3つ さがして ○を 書きましょう。

大切な　行事の　ときに　着物を　なんまいも　着たので，たいへん　重い　ものでした。着る　数は　かわって　いきましたが，やがて　8まいほどに　おちつきました。

❷ 次の　絵を　見て，①〜③の　文の　（　）に　あう　言葉を　あとの　□から　えらびましょう。使わない　言葉も　あります。

① むかしの　道具や　たてものは　今よりも（　　　　　）を
使って　いる　ものが　多いです。

② 今も　むかしも　（　　　　　）と　いう　行事が　2月に
行われて　います。

③ 今は　（　　　　　）で　そうじや　せんたくを　してくれ
る　きかいが　あります。

> 木　水　せつぶん　たんごの　せっく　じどう

💡 **しこうりょくトレーニング**　ルールは　何？

⭐ いくつかの　絵を　グループに　分けて　います。右の　絵は，
○と　△の　どちらに　なりますか。□に　記号を　書きましょう。

○の　グループ

△の　グループ

特集　めざせ　社会のはかせ⑤

答え▶15ページ

まちの　うつりかわり

🔍 次の　写真は　同じ　ところを　とった　ものです。写真を　くらべて　かわった　ところを　さがして　みましょう。

写真1 むかしの　ようす（兵庫県　神戸市）

写真2 今の　ようす

次の　写真は　まちで　見られる　古い　たてものの　れいです。自分の　住む　まちに　のこる　古い　ものを　さがして，名前や　やくわりを　あとの　ノートに　まとめて　みましょう。

写真3　国会ぎじどう

今から　90年ほど前に　できたよ。国の　せいじを　話しあって　いるんだ。

写真4　古い　まちなみ（京都市）

新しい　たてものも古い　たてものににせて　たてられているよ。

絵を　かいたり写真を　はったりしても　いいね。

ノートにまとめる

●名前

▶どのような　もの？

答え ▶ 15ページ

12 都道府県の すがた①

標準レベル　トライしよう

1 日本は 47の 都道府県に 分ける ことが できます。次の 地図を 見て あとの 問いに 答えましょう。

地図

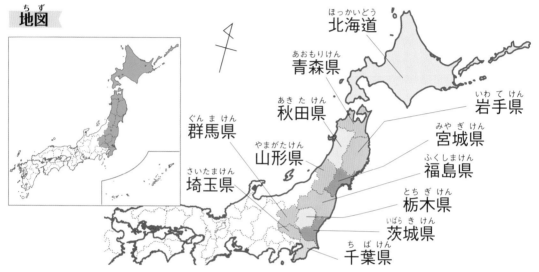

北海道（ほっかいどう）
青森県（あおもりけん）
秋田県（あきたけん）
岩手県（いわてけん）
群馬県（ぐんまけん）
山形県（やまがたけん）
宮城県（みやぎけん）
福島県（ふくしまけん）
埼玉県（さいたまけん）
栃木県（とちぎけん）
茨城県（いばらきけん）
千葉県（ちばけん）

(1) 地図を 見て カードの 都道府県の 名前を なぞりましょう。

Q13 日本で 一番 広い 都道府県は どれかな？

北海道　　岩手県　　福島県

秋田県

山形県

福島県

茨城県

栃木県

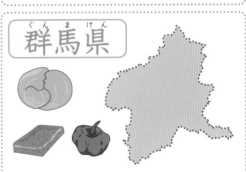

群馬県

埼玉県

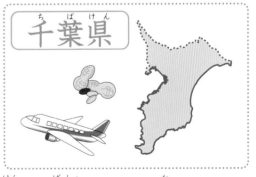

千葉県

(2) (1)の うち 知って いる 都道府県の 場所に ○を 書きましょう。
あなたの 住む 都道府県が あれば 上から 赤く ぬりましょう。

12 都道府県の　すがた①

答え ▶ 16ページ

✦ ✦ ✦ 標準レベル ‥‥‥‥‥ トライ しよう

1 47の　都道府県について，地図を　見て　答えましょう。

地図

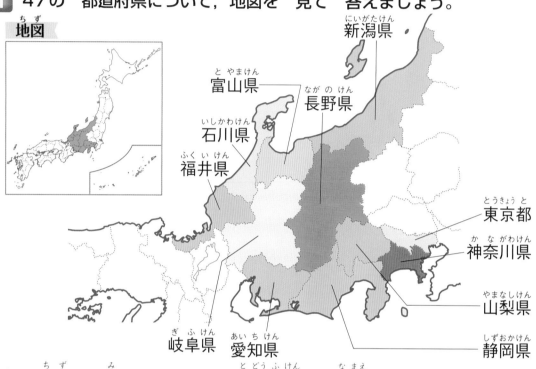

新潟県

富山県

長野県

石川県

福井県

東京都

神奈川県

山梨県

岐阜県　愛知県　静岡県

（1）地図を　見て　カードの　都道府県の　名前を　なぞりましょう。

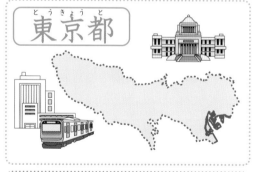

東京都

神奈川県

新潟県

富山県

Q14 日本一　高い　富士山は　山梨県と　静岡県の　さかいに　ある。
では，日本一　低い　山は　どこに　ある？
　　　　　　　　東京都　　　宮城県　　　静岡県

石川県

福井県

山梨県

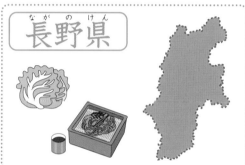

長野県

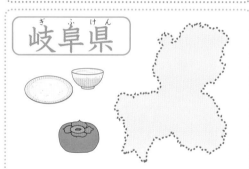

岐阜県

静岡県

愛知県

名前に
くだものが　ある
ところがあるね。

(2) (1)の　うち　知って　いる　都道府県の　場所に　○を　書きましょう。
　あなたの　住む　都道府県が　あれば　上から　赤く　ぬりましょう。

12 都道府県の　すがた①

答え▶16ページ

ハイレベル　マスターしよう

① 次の　①〜⑤の　県と，あう　絵や　せつめいを　——で　それぞれ

むすびましょう。

①
静岡県
　　●　　　●　

海が　見えないよ。

②
山形県
　　●　　　●　

みかんも　よく　とれる。

③
山梨県
　　●　　　●　

北海道と　トンネルで　つながる。

④
青森県
　　●　　　●　

いろいろな
くだものが　とれるよ。

⑤
千葉県
　　●　　　●　

大きな　テーマパークもあるよ。

北海道は　一番　せまい　県の　44倍ほどの　広さです。
日本で　一番　低い　山は，宮城県に　ある　日和山で，高さは　3メートルほどしか　ありません。

❷ 　　にある　都道府県の　ことを　それぞれ　カードに　まとめました。あてはまる　都道府県の　名前を　ひらがなで　書きましょう。

愛知県　　　群馬県　　　東京都　　　新潟県

① 　　　　　　　　　　県の　名前に　うまの　漢字が
あります。キャベツや　こんにゃく
いもの　産地として　有名です。

② 　　　　　　　　　　日本で　一番　住んで　いる　人の
数が　多い　都道府県　です。

③ 　　　　　　　　　　自動車づくりが　さかんな　こと
で　有名な　都道府県です。

④ 　　　　　　　　　　長野県と　この　県には　日本で
一番　長い　川が　あります。

💡しこうりょくトレーニング　くらべて　みよう

★ 次のうち，海が　見えない　都道府県に　○を　書きましょう。

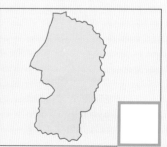

答え ▶ 17ページ

13 都道府県の すがた②

標準レベル　トライしよう

1 次の 地図を 見て 答えましょう。

地図

京都府　滋賀県
鳥取県
島根県　兵庫県
広島県
三重県
大阪府
奈良県
山口県　岡山県　和歌山県

（１） 地図を 見て カードの 都道府県の 名前を なぞりましょう。

三重県

滋賀県

京都府

大阪府

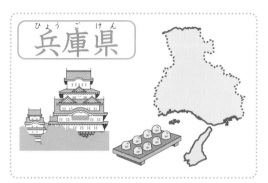

兵庫県

奈良県

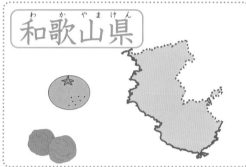

和歌山県

鳥取県

島根県

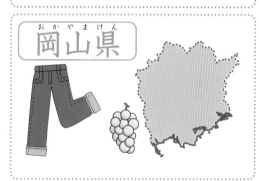

岡山県

広島県

山口県

(2) (1)の うち 知って いる 都道府県の 場所に ○を 書きましょう。
あなたの 住む 都道府県が あれば 上から 赤く ぬりましょう。

13 都道府県の　すがた②

答え▶17ページ

標準レベル　　　　トライしよう

1 地図を　見て　答えましょう。

地図

佐賀県
福岡県
香川県
愛媛県
長崎県
徳島県
熊本県
高知県
鹿児島県
大分県
宮崎県
沖縄県

(１)　地図を　見て　カードの　都道府県の　名前を　なぞりましょう。

徳島県

香川県

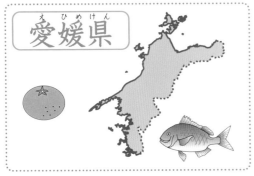

愛媛県

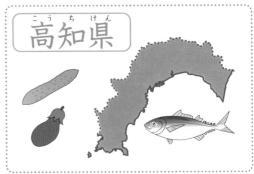

高知県

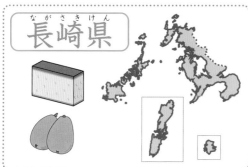

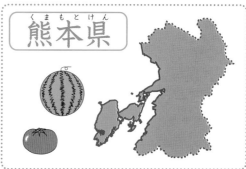

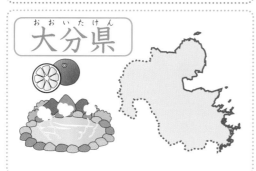

(2) (1)の うち 知って いる 都道府県の 場所に ○を 書きましょう。
あなたの 住む 都道府県が あれば 上から 赤く ぬりましょう。

◆◆◆ ハイ レベル ……… マスターしよう

❶ 次の　①～⑤の　県と，あう　絵や　せつめいを　──で　それぞれ
むすびましょう。

① 滋賀県（しがけん）

●　　　●

あたたかくて
冬（ふゆ）は　よく　晴（は）れるよ。

② 宮崎県（みやざきけん）

●　　　●

8人（にん）の　そうりだいじんが
生（う）まれたよ。

③ 愛媛県（えひめけん）

●　　　●

日本一（にほんいち）　広（ひろ）い　湖（みずうみ）が　あるよ。

④ 鳥取県（とっとりけん）

●　　　●

道後（どうご）おんせんと　いう　古（ふる）い
おんせんが　あるよ。

⑤ 山口県（やまぐちけん）

●　　　●

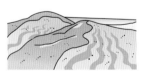

住（す）んでいる　人（ひと）が
日本一（にほんいち）　少（すく）ないよ。

ものしりクイズ の答え Q15 滋賀県 Q16 香川県

日本一 広い 湖は 琵琶湖で 滋賀県に あります。都道府県のうち 一番 小さいのは 香川県，次に 小さいのが 大阪府です。

❷ □にある 都道府県の ことを それぞれ カードに まとめました。あてはまる 都道府県の 名前を ひらがなで 書きましょう。

| 高知県 | 鹿児島県 | 大阪府 | 島根県 |

① [　　　　　　　　　　]
　宍道湖という 湖で おいしい しじみが とれます。

② [　　　　　　　　　　]
　春と 秋に おいしい かつおが とれることで 有名です。

③ [　　　　　　　　　　]
　名前に 動物の しかの 漢字が 入って います。さつまいもの 有名な 産地です。

④ [　　　　　　　　　　]
　たこやきや くしかつで 有名な 都道府県です。

💡 しこうりょく トレーニング　なかまはずれを さがそう

★ 上が 北向きに なっていない 都道府県に ○を 書きましょう。

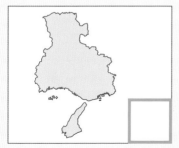

特集　めざせ　社会のはかせ❻

答え▶18ページ

都道府県の　むかしと　今

次の　地図は　むかしの　日本の　地図です。すきな　都道府県の　名前と　その　都道府県の　むかしの　名前を　右ページの　下の　表に　書いて　みましょう。

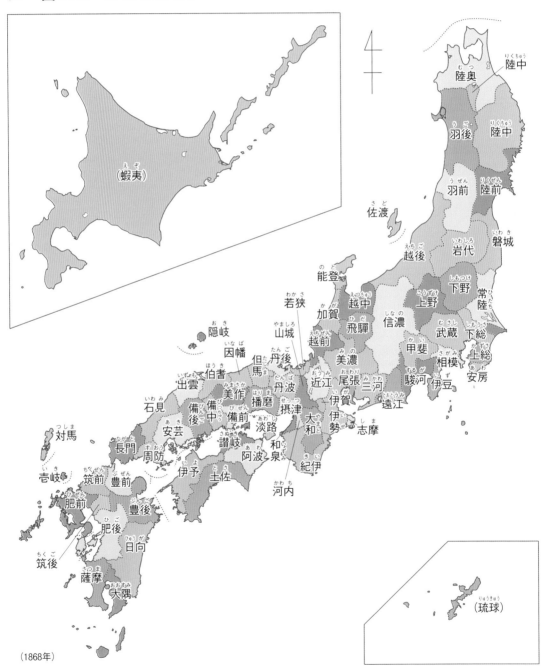

(1868年)

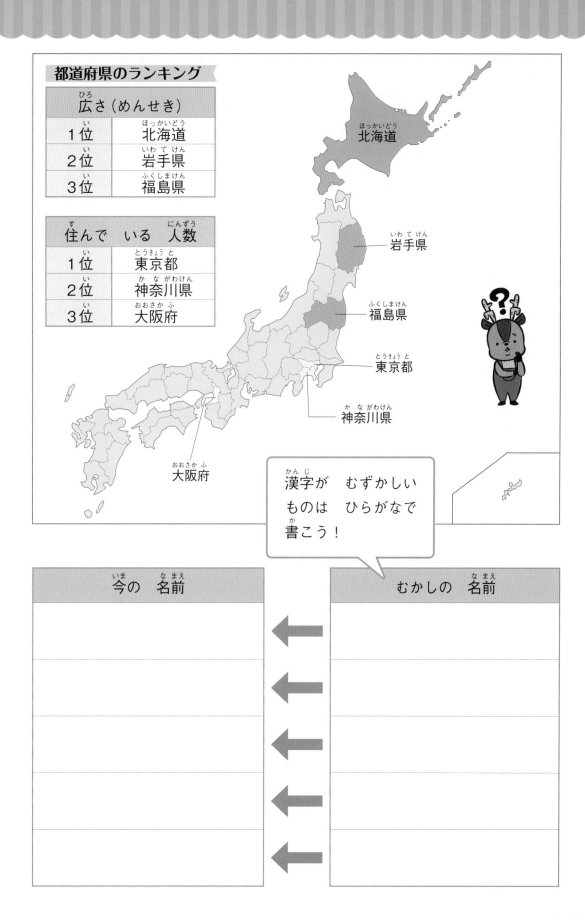

都道府県のランキング

広さ（めんせき）	
1位	北海道
2位	岩手県
3位	福島県

住んで いる 人数	
1位	東京都
2位	神奈川県
3位	大阪府

北海道

岩手県

福島県

東京都

神奈川県

大阪府

漢字が　むずかしい
ものは　ひらがなで
書こう！

今の 名前	むかしの 名前

4章 日本の　すがた

答え ▶ 19ページ

14 都道府県の　まとめ

 標準レベル

 トライ しよう

1 次の　地図を　見て，あとの　問いに　答えましょう。

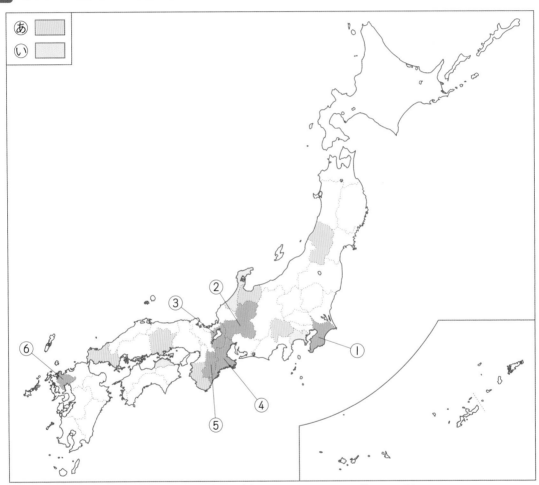

あ　☐
い　☐

(1) 地図の　あ・いの　都道府県について，次の　文の　☐に　あう　漢字を　1字で　書きましょう。

あ　名前に，漢字の
　　　☐が　入る。

い　名前に，漢字の
　　　☐が　入る。

(2) 次の 動物の 名前を 表す 漢字が 入る 都道府県を 4つ さがして，前の ページの 地図に 色を ぬりましょう。

うま	とり	くま	しか

(3) 地図の ①〜⑥は，ひらがなで 書くと，2文字に なる 都道府県です。①〜⑥の 都道府県の 名前を ひらがなで 書きましょう。

①〔　　　　　　〕県　　②〔　　　　　　〕県

③〔　　　　　　〕県　　④〔　　　　　　〕県

⑤〔　　　　　　〕県　　⑥〔　　　　　　〕県

ノートにまとめる

●「山」が つく…山形県，富山県，山梨県，
　　　　　　　　和歌山県，岡山県，山口県。
●「川」が つく…神奈川県，石川県，香川県。
●動物の 名前が 入る…群馬県（うま），鳥取県（とり），
　　　　　　　　熊本県（くま），鹿児島県（しか）。
●2文字…千葉県，岐阜県，三重県，滋賀県，奈良県，佐賀県。

14 都道府県の まとめ

答え ▶ 19ページ

★★★ ハイ レベル ……… マスターしよう

❶ いろいろな 都道府県の ランキングを 調べました。①〜④の カードに 出て くる 都道府県の 場所を あとの 地図から さがして すきな 色に ぬりましょう。

---

① 島の 数が 多い

1位　長崎県　…　1479島
2位　北海道　…　1473島
3位　鹿児島県…　1256島

---

② 雨・雪の 日が 多い

1位　石川県　…194日
2位　秋田県　…192日
3位　富山県　…186日

(2020年)

---

③ 1年に 日が あたる 時間

1位　高知県　…　2310時間
2位　山梨県　…　2250時間
3位　静岡県　…　2245時間

(2020年)

---

④ のうか※の 数が 多い

1位　茨城県　…　44009けん
2位　新潟県　…　41955けん
3位　福島県　…　41671けん

※団体・法人をのぞく　　(2020年)

カードべつに 色を 分けても いいね。

(①内閣府資料, ②③総務省資料, ④「データでみる県勢2022年」より)

ものしりクイズの答え **Q17** 東京都

日本で 一番 南に ある 島は,「沖ノ鳥島」で, 東京都 小笠原村の 一部です。ちなみに, 日本で 一番 東に ある「南鳥島」も 同じく 東京都に なります。

❷ 都道府県の 名前で しりとりを しました。 ☐に あてはまる 都道府県の 名前を ひらがなで 書きましょう。

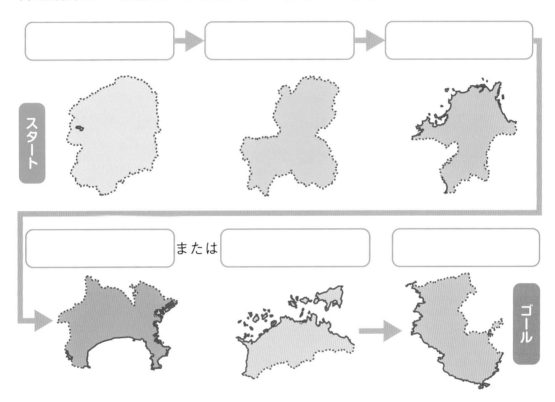

しこうりょく トレーニング ルールは どれかな

⭐ 次の 都道府県は, どのような なかまですか。あう ルールに, ○を 書きましょう。

ひらがなで 2文字 　 海が ない 　 南に ある

75

答え▶20ページ

15 日本と 世界の おもな国

標準レベル　トライしよう

1 世界の 国の 名前と 有名な ものを カードに まとめました。
次の 地図を 見ながら カードの 国名を なぞりましょう。

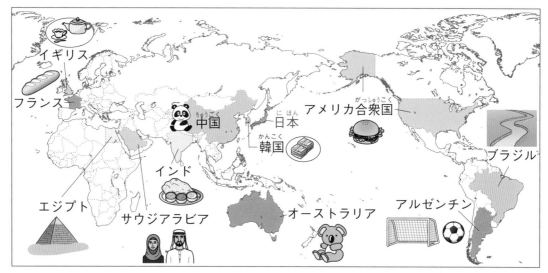

Q18 世界には　どれくらいの　数の　国が　ある？

50くらい　　　　100くらい　　　　200くらい

インド

国旗

サウジアラビア

国旗

イギリス

国旗

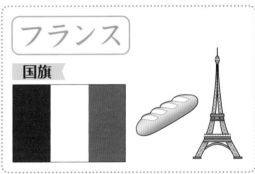

フランス

国旗

エジプト

国旗

アメリカ合衆国

国旗

ブラジル

国旗

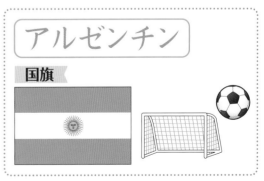

アルゼンチン

国旗

15 日本と　世界の　おもな国 答え▶20ページ

✦✦✦ ハイ レベル ……… マスター しよう

❶ 次の　①～⑥の　国の　国旗と，その　国の　有名な　ものを　――
で　むすびましょう。

① 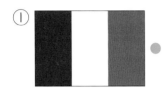 ●　　　●  アマゾン川と
いう　大きな川
があるよ。

②  ●　　　●  パンダを
たいせつに
しているよ

③  ●　　　● 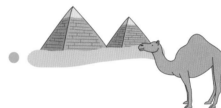 ピラミッドは
4500年前
に　できた。

④  ●　　　●  自由の
女神が
有名だよ。

⑤  ●　　　●  コアラや
カンガルー
が　いるよ。

⑥  ●　　　●  バゲットと
いう　パンが
みんな　だいすき。

日本と かんけいが ある 国は 全部で 195か国 あり, 日本を 入れて 196か国に なります。そのほかにも どくりつして いる ちいきが いくつか あります。

❷ 次の 地図を 見て, あとの ①〜③の 文が せつめいする 国の 名前を 地図から さがして 書きましょう。

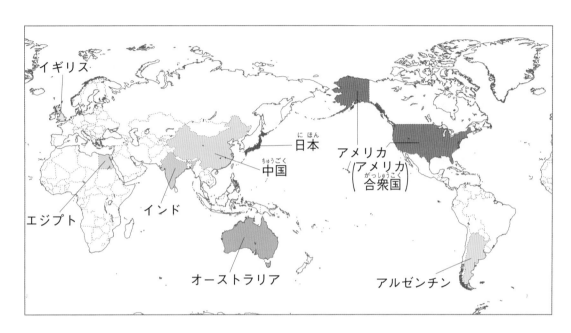

① ちきゅうで 日本の ちょうど うらに あります。サッカーが さかんな ことでも 有名です。　　　　　　（　　　　　　　）

② えいごが 生まれた 国です。紅茶を よく 飲む しゅうかんが あります。　　　　　　　　　　　　　　（　　　　　　　）

③ カレーが 生まれた 国です。とても たくさんの 人が 住んで います。　　　　　　　　　　　　　　（　　　　　　　）

💡しこうりょくトレーニング　同じ ところは なにかな?

⭐ ❷の 地図を 見て, □に あう 漢字を 1字で 書きましょう。

日本と イギリスは どちらも □に かこまれて います。

特集　めざせ　社会のはかせ**7**

いろいろな　国

🔍 気になる　国を　調べてみましょう。

● 住んで　いる　人が　多い！
インドと　中国。

日本の　10倍
より　多い！

● 名前が　にている！
オーストラリアと　オーストリア。
ナイジェリアと　アルジェリア。
ウルグアイと　パラグアイ。
イラクと　イラン。

どこに　ある
国かな？

● 世界で　一番…
広い　ロシア。
せまい　バチカン市国。

● 形に　とくちょうが　ある！
長ぐつのような　イタリア。
細長い　チリ。

トクとトクイになる！

小学ハイレベルワーク

社会 1・2年

答えと考え方

「答えと考え方」は,
とりはずすことが
できます。

1 わたしたちの まち

標準レベル+

まちには多くの人がいて，施設があります。住んでいるまちのようすを思い出しながら取り組みましょう。実際のまちの探検もしてみましょう。

1 まちを たんけん しましょう。次の ①〜⑥の せつめいに あう シールを □□ に はりましょう。

① 広い 畑で や さいが つくられ て いるよ。

② けいさ 人が 道 てくれた

風車や太陽光パネルがあるところでは電気がつくられています。

住んでいる地域のルールも確認しましょう。

しゅるいごとに みを 分けて して いるよ。

⑥ 古い たてもの が あったよ。む かし から ある お店みたい。

2 次の 言葉と あう ところを ─── て むすびましょう。

① 学校の あとや お休み の 日に 遊ぶことが できます。 — じどう館

② 車が たくさん 通る 道です。かならず おう だん歩道を わたります。 — 消ぼうしょ / MALL SHOPPING MALL

③ たくさんの お店が 集 まって いて，いつも 人が たくさん います。 — じどう館

④ 消ぼう自動車や きゅう きゅう車が あって，い ざと いう ときに か けつけて くれます。

まちの中の施設に，どのような役割があるか確認しましょう。

ノートにまとめる

●まちたんけんで 注目すること。
　▶たてものの ようす 大きさ，や
　▶まわりの ようす 人が 多い，
●まちで 人が 多い ところ 駅
●田や 畑が 多い ところ 土地の 広い ところ。

---

1 わたしたちの まち

ハイレベル++

人が多いところ，反対に少ないところがあり，季節や時間帯によってようすが変わることがあります。住んでいるまちのことを考えてみましょう。

1 あとの ①〜④の 話に あう ところを 絵の 中から さがして，○を 書きましょう。

① 夏の お祭りに 行っ たよ。100年前に つ くられた たてものも あるんだって！

お祭りは，地域の神社や商店街などが中心となって行われます。

③ 電車に 乗ることが できるよ。朝は 人が 多くて こんでいるよ。

④ 手紙や にもつを おばあさんに 送りに 行ったよ。

2 まちには 人が 集まる ところ ところだけを 通って ゴールまで

スタート

人が多く集まるところは，大きなお店や駅などです。

ものを売るという同じ役割をもっています。

しこうりょくトレーニング

★ ①・②の うち，左の 場所と
　○を 書きましょう。

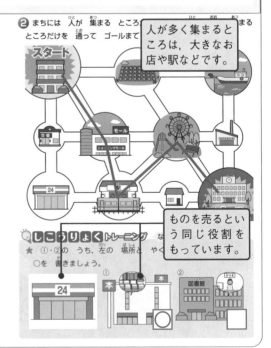

① 本 図書館

2 | 地図と 地図記号

標準レベル +

1 あは，まちの（中略）あは あの絵を地図記号で表（中略）ましょう。

あの絵地図といの地図の記号は同じ施設・土地の使われ方を表しています。

あ 絵地図　　い 地図記号を使った地図

(1) あの 図書館の 左に ある しせつは 何ですか。次のうち，あてはまる しせつの 絵に ○を 書きましょう。

消ぼうしょ　　学校　　はくぶつかん

(2) 次の 場所を 表す 地図記号を ――で むすびましょう。

① 「とりい」の 形
② 上から 出た 葉の 形
③ 開いた 本の 形

2 場所を 人に つたえる ときは 北・南・西・東の 「方位」を 使うと べんりです。次の 地図の □の 方位を それぞれ なぞりましょう。

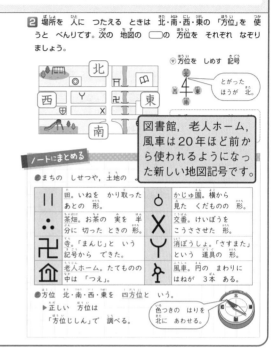

北　西　東　南

⊙方位を しめす 記号
北
西 ＋ 東
南
とがった ほうが 北。

図書館，老人ホーム，風車は 20 年ほど 前から 使われるようになった 新しい 地図記号です。

ノートにまとめる

●まちの しせつや，土地の……

‖	田。いねを かり取った あとの 形。	○	かじゅ園。横から 見た くだものの 形。
∴	茶畑。お茶の 実を 半分に 切った ときの 形。	X	交番。けいぼうを こうささせた 形。
卍	寺。「まんじ」という 記号から できた。	Y	消ぼうしょ。「さすまた」という 道具の 形。
血	老人ホーム。たてものの 中は 「つえ」。	⅄	風車。円の まわりに はねが 3本 ある。

●方位 北・南・西・東を 四方位と いう。
▶正しい 方位は 「方位じしん」で 調べる。

色つきの はりを 北に あわせる。

---

2 | 地図と 地図記号

ハイレベル ++

❶ 次の 地図を 見て，あとの 問いに 答えましょう。

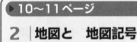

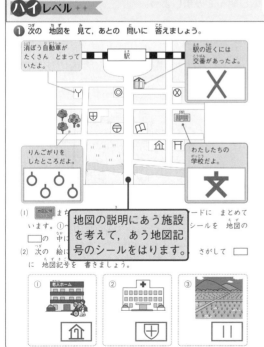

消ぼう自動車が たくさん とまって いたよ。

駅の 近くには 交番が あったよ。

りんごがりを したところだよ。

わたしたちの 学校だよ。

(1) まち……カードに まとめて います。……シールを 地図の □の 中に……

地図の説明にあう施設を考えて，あう地図記号のシールをはります。

(2) 次の 絵に……さがして □に 地図記号を 書きましょう。

① 老人ホーム
② （病院）
③ （田）

❷ 右の 絵地図を 見て 次の 問いに 答えましょう。

(1) あ 絵地図が 北を し……す。絵地図……□に あう……で シールを……ましょう。

方位の 記号は，三角形の とがっている ほうが 北を 示します。

(2) 次の せつめいが 絵地図と あっていれば ○を，まちがって いれば ×を（ ）に それぞれ 書きましょう。

① （ ○ ）交番は，市役所の 東がわに あります。
② （ × ）市役所は，図書館の 北がわに あります。
③ （ × ）ゆうびん局は，駅から 見て 南に あります。
④ （ ○ ）図書館は，病院の 西がわに あります。

しこうりょくトレーニング

★ 次の 話に あう 地図に ○を

小学校は，はくぶつ館の 東に あります。

上が北のとき，東は右側になります。

3 | 地図を 読もう

標準レベル+

1 地図からは，近さや 遠さ，地面の 高さが わかります。次の 地図を 見て，あとの 問いに 答えましょう。

凡例:
- 図書館
- 学校
- 消ぼうしょ
- 交番
- おんせん
- 市役所
- 神社
- ゆうびん局
- お寺
- 畑
- 地面の高さが高いところ
- 地面の高さが少し高いところ
- 地面の高さがひくいところ

0 1 2 3 つ分
地図のものさし

(1) ゆうびん局から 一番 遠くに ある ところに ○を 書きましょう。

神社 交番 畑

(2) 学校と 図書館は 「地図のものさし」で いくつ分 はなれて いますか。あてはまる ものに ○を 書きましょう。

2つ分　　4つ分　　7つ分

(3) 地図の 色は じっさいの 地面の 高さを 表しています。地図の 色を 見て，次の □□□の 文に あう シールを 文の 上に はりましょう。

2 地図を 見ながら，→の 道あんないを カードに まとめて います。あとの 問いに 答えましょう。

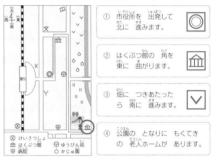

① 市役所を 出発して 北に 進みます。 ◎

② はくぶつ館の 角を 東に 曲がります。 🏛

③ 畑に つきあたったら 南に 進みます。 ∨

④ 公園の となりに もくてきの 老人ホームが あります。

凡例:
- けいさつしょ
- はくぶつ館
- ゆうびん局
- 病院
- かじゅ園

(1) ①～③の カードを 読んで，□に 目じるし となる ものの 地図記号を 地図を 見ながら 書きましょう。

(2) ④の カードを 読んで 地図の 中の もくてきの たてものに ○を 書きましょう。

ノートにまとめる

じっさいの 長さ（きょり）	地面の 高さ
●□□を 使う	●色で 分ける 地図によって ちがう

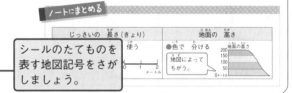

シールのたてものを 表す地図記号をさがしましょう。

---

3 | 地図を 読もう

ハイレベル++

1 右の 地図と 図を 見て，次の 問いに 答えましょう。

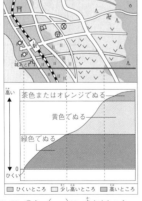

(1) 図書館から 次の ①・②までは，「地図の ものさし」で めもり いくつ分 はなれて いますか。あう 数字を （　）に 書きましょう。

① 学校　（ 4 ）つ分

② けいさつしょ　（ 2 ）つ分

(2) 右の 図は 地図の ――の 部分を 横から 見た ようすです。地図と 同じ 高さを 表す ように，図に 色を ぬりましょう。

茶色またはオレンジでぬる
黄色でぬる
緑色でぬる

ひくいところ　少し高いところ　高いところ

(3) 地図の 正しい せつめいに ○を （　）に 書きましょう。

① （　）公園の 近くに 川が 流れて いる。

② （ ○ ）土地の 高い ところは，東がわに 多い。

③ （　）土地の 少し 高い ところには，たてものが まったく ない。

④ （ ○ ）駅からは 神社より 図書館の ほうが 近い。

2 次の せつめいに あうように 通った 道じゅんを，地図に →で 書きましょう。

駅を 出て，南へ 進みます。市役所を 通りすぎたら 3つ目の 角を 西に 曲がりましょう。かじゅ園の 手前を 左に 曲がると はくぶつ館 です。

しこうりょくトレーニング 正しいのは どちら？

★ 道じゅんの せつめいに あう 地図に ○を 書きましょう。

① 学校の 前を 西に 行きます。

② 図書館の 前を 南に 曲がります。

③ 畑の 間を 南に 進みます。

④ 交番の 前を 通りすぎると 右に ゆうびん局が あります。

特集❶ 方位や 地図の ひみつ

ポイント 地図に親しむ特集です。右ページでは地図づくりにも挑戦できます。現時点では正確さにこだわらず，楽しくつくってみましょう。

🔍 まちの 中では いろいろな ところで 「方位」を 見つけることが できます。次の 絵地図に あう 方位を 使った 場所の シールを □に はりましょう。

〈省略〉

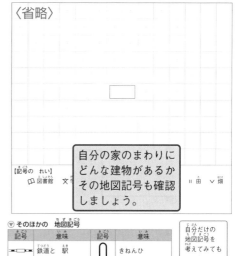

自分の家のまわりにどんな建物があるかその地図記号も確認しましょう。

[記号の れい] 📖図書館 文 ‖田 ∨畑

🔍 地図には わかりやすく する ための くふうが あります。

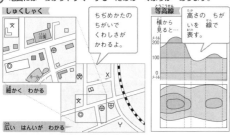

しゅくしゃく

ちぢめかたの ちがいで くわしさが かわるよ。

等高線 横から 見ると… 高さの ちがいを 線で 表す。

細かく わかる

広い はんいが わかる

▽ そのほかの 地図記号

記号	意味	記号	意味
▭	鉄道と 駅	⌂	きねんひ
‖	橋	冂	城あと
☼	発電所・変電所	Q ∧	森林
血	はくぶつ館，びじゅつ館	◎	市役所

自分だけの 地図記号を 考えてみても いいね。

---

4 みんなの 公共しせつ

標準レベル+

ポイント まちの中には地域のくらしを支える公共施設がたくさん見られます。身近な公共施設にふれながら，役割を確認しましょう。

お店などの商業施設もくらしには欠かせませんが，公共施設とはいえません。

しを 助ける しせつを 公共しせつと いうよ。

…すを かいた ものです。右ページの

(1) 公共しせつ 絵地図の □には 次の カードに あう 公共しせつが あります。あう シールを □に はりましょう。

 ① 本を 読んだり かりたり できる。

 ② 運動したり 遊んだり できる。

 ③ 病気の ときに 行く。

(2) 絵地図には，(1)の ほかにも 公共しせつの たてものが 4つ あります。絵地図の 公共しせつに あたる 場所に ○を 書きましょう。

(3) まちには，みんなの いどうを 助ける 乗り物が あります。次の ①・②の 文に あう 乗り物を 絵地図から さがして 絵に △を 書きましょう。

① 線路の 上を 走る。　　　　　荷物を 運べる。
② 道路を 走る。　　　　　　　　おりたり できる。

建物ではない公共施設もあります。

ノートにまとめる

●だれでも 使う ことが できる しせつは 公共しせつ。
　▶学校，図書館，じどう館，病院，公園 など。
　▶道，橋など みんなが 通る ところも ふくまれる。

●みんなの ための 乗り物を 公共交通きかんと いう。
　▶バス，タクシー，鉄道，船，ひこうき など。

4 みんなの 公共しせつ

ハイレベル ++

ポイント どのようなときにどの公共施設や交通機関を利用すればよいか，目的と役割を結びつけて考えましょう。利用上の注意点も確認しましょう。

❶ まちで 見られる ものを 公共しせつと 乗り物に 分けました。あとの 問いに 答えましょう。

ⓥ 公共しせつ　　　　　　　ⓜ 乗り物

(1) 絵の 公共しせつのうち あなたが 行った ことの ある 絵に ○を 書きましょう。〈省略〉

(2) 次の ときは 絵の 中の どの 乗り物を 使うと よいですか。絵の 番号を 書きましょう。

● (③) 家の 前から 思いて

● (④) 外国に 行きたい と

> 日本から外国に行くには，海をこえる乗り物に乗る必要があります。

❷ 次のような とき，どの しせつに ──て むすびましょう。

① 道じゅんを 聞きたい。

② むかしの くらしを 調べたい。

③ 運動したり，遊んだり したい。

❸ 次の 文は はく━━━━━━━━ ものです。あとの 絵地図を 見て

> 道順を読みながら，地図に印を付けていきましょう。

電車で 中央駅━━━━ に 乗り，東に 進んで「はくぶつ館━━ があ━━━━━ 南に 歩き，交番の ある 角を 左に 曲がると はくぶつ館が あります。

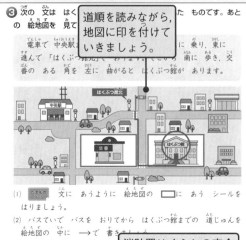

(1) 文に あうように 絵地図の □に あう シールを はりましょう。

(2) バスていで バスを おりてから はくぶつ館までの 道じゅんを 絵地図の 中に ──→で 書きましょう。

Ｑ しこうりょくトレー━━

★ 次の うち，やくわりが ━━━━━━ て □に ○を 書きましょう。

> 消防署はくらしの安全を守る施設です。

図書館　　はくぶつ館　　　消ぼうしょ

---

5 まちに ある くふう

標準レベル +

ポイント まちの 中には，安全や安心のためのくふうや，だれもが便利に生活するためのくふうがたくさんあります。まち探検をして探してみましょう。

❶ 次の 絵は まちの ようすを 表して います。①〜④の カードに あう ところを さがして 絵に ○を 書きましょう。

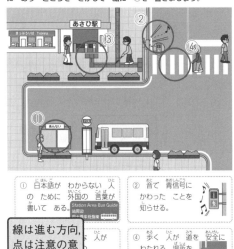

① 日本語が わからない 人の ために 外国の 言葉が 書いて ある。

② 音で 青信号に かわった ことを 知らせる。

> 線は進む方向，点は注意の意味です。

③ 歩く 人が ━━━━━

④ 歩く 人が 道を 安全に わたれる 場所を しめして いる。

❷ 次の 写真の しせつは どのような くふうですか。あう カードを ──て むすびましょう。

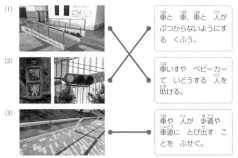

(1)

車と 車，車と 人が ぶつからないように する くふう。

(2)

車いすや ベビーカーで いどうする 人を 助ける。

(3)

車や 人が 歩道や 車道に とび出す ことを ふせぐ。

ノートにまとめる

● まちの 人の 安全を 守る くふう

▶おうだん歩道→車道を 安全に 歩いて わたれる。

▶信号機→歩行者や 自動車などの 安全を 守る。

▶ガードレール→歩道と 車道を 分け，安全に 通行できる。

● だれもが 安心して くらせる くふう

▶点字ブロック→目の ふじゆうな 人が 安心して 歩ける。

▶外国語の あんない→日本語が わからない 人に つたえる。

5 まちに ある くふう

ハイ レベル ++

ポイント いろいろな人を助けるために行われているくふうがたくさんあります。どのような目的でその形になっているのかも考えてみましょう。

❶ 次の 絵は まちの ようすを 表して います。あとの ①〜④の うち、絵に あう 文を 2つ えらんで ( )に ○を 書きましょう。

①  ②

③  ④

①( ) おうだん歩道や 信号機が なくて 車の 多い 道路を わたることが できない。

②( ) ベビーカーを おして、かいだんの となりに ある スロープを 上がる 人が いる。

③(○) お店の 入り口に だんさが あって、車いすでは 入ることが できない。

④(○) 点字ブロックの 上に 自転車が とめて あって、目の ふじゆうな 人が 進むことが できない。

❷ 次の ①〜③の 絵を 見て、あとの 文の { }に あう 言葉に ○を 書きましょう。

① ② ③

① ベビーカーや 車いすが 通りやすいように、通路を { 広く せまく }して ある かいさつです。

② 木の 葉に かくれても、{ 青 (赤) }信号は 見える ように なっています。

③ 車いすの 人の ために エレベーターの ボタンが { 高い (ひくい) }ところに つけられて います。

しこうりょく トレーニング くらべて みよう

★ 次のうち、雪が 多い ちいきの 信号機は どちらですか。あう ほうに ○を 書きましょう。

!ヒント 雪が つもると…?

空から まちを 見て みよう

特集②

ポイント 日本各地のまちの写真を集めました。住んでいる地域との違いを考えながら、学習してきた施設やくふうを探してみましょう。

🔍 いろいろな まちを 空から 見た 写真を 集めました。写真の まわりの カードの ように 学校や 駅、公園など 気になる 場所に ○を つけて みましょう。

写真1 愛媛県 松山市

大きな 校庭が いくつか あるね。どんな 学校 なんだろう。

お城が あります。

校庭が あります。

線路が あります。

まちの 中に 大きな お城が あるよ。

まちの 中に 線路が 見えるよ。

川にたくさん橋がかかっていて、人の行き来が活発なことがわかります。

海や川、田や畑にも注目しましょう。

古代の墓である古墳があります。

写真3 埼玉県 行... 神奈川県 横浜市

住んでいる まちと どこが ちがうかな。

▶28〜29ページ

6 お店の 仕事①

標準レベル＋

ポイント 買い物は目的によって選ぶお店が変わります。毎日の買い物でも，なぜそのお店で買い物をするのか考えてみるとよいでしょう。

■ まちに ある お店に ついて，次の 問いに 答えましょう。

(1) ①〜④の 人に あう お店を —— で むすびましょう。

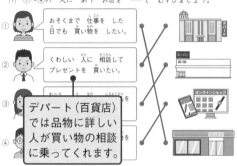

① おそくまで 仕事を した 日でも 買い物を したい。

② くわしい 人に 相談して プレゼントを 買いたい。

デパート（百貨店）では品物に詳しい人が買い物の相談に乗ってくれます。

(2) 買い物や お店の しくみで ちがって いる 文には ×を……

電子マネー・キャッシュレス決済の割合が年々増加しています。

① （ × ）すべての お店で……できます。

② （ ○ ）商店がいは，肉屋さんや 薬屋さんなどの せんもん店が 多く ならんで いて，買い物を するのに べんりです。

③ （ ○ ）お店の 中には じっさいの お金を 持たずに 買い物が できて，あとで しはらう ところも あります。

② 次の 絵は，スーパーマーケットの 売り場です。あとの ①〜③の くふうに あう シールを □に はりましょう。

① ねだんが わかりやすい。

② 何が どこに あるのか わかる。

③ 車いすが 通りやすい。

スーパーマーケットでは買い物がしやすいようなくふうが多く見られます。

パソコン・スマートフォンを 使う インターネット ショッピングも あるね。

▶コンビニエンスストアは，朝早くや 夜おそくも 開いている。お店は あまり 大きくは ないが 品物の しゅるいが 多い。

▶せんもん店は，肉，やさいなど きまった 物を 売る。

●商店がいや ショッピングモールは いろいろな お店が ならぶ。

▶30〜31ページ

6 お店の 仕事①

ハイレベル＋＋

ポイント 地図の学習とお店の特色を組み合わせた，発展的な問題を出題しています。地図の読み方を思い出しながら取り組んでみましょう。

❶ 次の 地図は，ミナさんの 家の まわりの お店の ようすです。あとの (1)〜(3)の ときに 行く お店……

まずは，何のお店のことか考えてみましょう。

北

①スーパーマーケット ミナさんの……

あおぞら商店がい

③コンビニエンスストア

②やおやさん

④コンビニエンスストア

⑤ショッピングモール

駅

⑥スーパーマーケット

(1) 日曜日に 車で 駅の 西に 買い物に 行きます。ここは 車を とめる 場所が 広くて お店が 集まって いるので，一度に たくさんの 買い物が できます。　⑤

(2) お母さんは，仕事の あとに 買い物を します。買うもの が やさいだけなら，病院の 近くの 商店がいに ある せんもん店で 買い物を すませるそうです。　②

(3) お父さんは，朝 電車に 乗る 前に 駅に 近い コンビニエンスストアで お茶を 買います。スマートフォンで しはらいが できるので べんりだそうです。　④

❷ 次の 絵は，ある スーパーマーケットの 売り場の ようすです。絵と あう 文の （ ）に ○を 書きましょう。

米 そうざい（弁当売り場） わたしが つくりました 地元産 キャベツ

① （ 　）そうざいは，手間が かかるので，店内では つくらない。

② （ ○ ）つくられた 場所や ねだんを 大きく 書いて 売り場に おく。

③ （ 　）お米など 重い ものは，レジから はなれた 店の おく に……

④ （ ○ ）肉……んな うちに 売り場 に……

ご意見カードはお客さんの声に応えるためのくふうです。

🔍 しこうりょくトレーニング　なかま はずれを さがそう

★ 次の 絵は スーパーマーケットで 行って いる とりくみです。ほかの ものと もくてきが ちがう とりくみ 1つに ○を 書きましょう。

ごいけんカード トレーを使わずに 売っています ノントレー肉

ヒント
ごみを へらす とりくみ では ないもの。

7 | お店の 仕事②

標準レベル +

1 スーパーマーケットには，お客さんの ねがいを かなえるための さまざまな くふうが あります。はたらく 人の くふうに あう お客さんの ねがいを まとめた カードを ――で むすびましょう。

ちらしの品
よく 見えるように ならべます。

パックして ならべます。

キャベツ

今日 食べることが できるように ほしい分だけ 買いたい。

まちがいが ないように すばやく 正しく お金を しはらいたい。

ちらしに のって いた 品物を 見つけやすく して ほしい。

ほしい 品物が ほしい ときに 買えるように 品切れ が ないように してほしい。

2 次の スーパーマーケットの 売り場に ならぶ ①～④の 品物が どこから きたか，□に 番号を 書いて 分けましょう。

① 国産 牛肉 800円
② 長崎県産 あじ 1匹 300円
③ インドネシア産 まぐろ 500円
④ チリ産 レモン に 50円
⑤ 群馬県産 きゅうり 200円
⑥ 群馬県産 だいこん 150円

産地直送 国産

えいよう たっぷり

チリは外国の 国の名前。

日本で つくられた ①，②，④

外国で つくられた ③

国産は日本で つくられている もの。

ノー〜

●ス〜 お客さんの 〜 〜うが ある。

●品物は どこから？
▶ねふだや 品物の パッケージを 見ると 産地が わかる。
▶住んで いる ところで つくられた もの，日本で つくられ た もの，外国から 運ばれた もの。

やさいや くだもの，魚や 肉が とれた ところを 産地と いうよ。

---

7 | お店の 仕事②

ハイレベル ++

1 スーパーマーケットに ついて，次の 問いに 答えましょう。

(1) 絵の スーパーマーケットの くふうに あう せつめいを，あとの ①～④の カードから えらび，番号を □に 書きましょう。使わない カードも あります。

④ ③ ②

① さがしやすいように 品物 や ねふだの 向きを そろ えて ならべて います。

② お客さんが すぐに 食べ られるように できたての おかずを つくって います。

③ お客さんを 待たせないよ うに 手早く ねだんを 読 みこんでいます。

④ お客さんが まとめて 品 物を 買えるように カート を おいて あります。

(2) 右のような 売り場に ならぶ 品 物の ねふだから わかる こと す べてに ○を 書きましょう。

① (○) 品物の 産地。
② (○) 品物の ねだん。
③ ( ) 品物の 新しさ。

宮崎県産 サラダに
きゅうり
1本
48円

2 次の スーパーマーケットの 売り場の ようすを 見て，産地が 外国の ものだけを 通って ゴールまで 進みましょう。

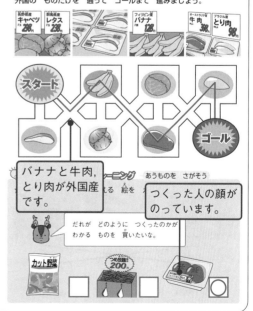

長野県産 キャベツ 1玉 298円
群馬県産 レタス 1玉 238円
フィリピン産 バナナ 128円
オーストラリア産 牛肉 300円
ブラジル産 とり肉 98円

スタート

ゴール

バナナと牛肉，とり肉が外国産です。

〜ーニング あうものを さがそう

〜える 絵を 〜

だれが どのように つくったのかが わかる ものを 買いたいな。

つくった人の顔が のっています。

カット野菜

つめ放題！ 200円

□ □ ○

▶36〜37ページ

品物が　とどくまで

特集③

ポイント 品物がお客さんの手元にとどくまでの流通についてまとめた特集です。さまざまな人の手を経て品物が届くしくみになっていることがわかります。

🔍 いろいろな ところから お店に 品物が 運ばれて います。おもに 何を 使って 運ばれて いますか。あとの 品物と 乗り物を ——で むすびましょう。同じ 乗り物が 使われて いる ことも あります。

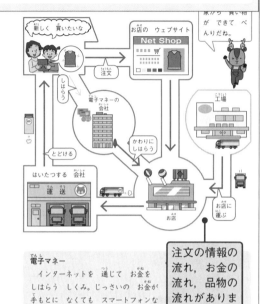

電子マネー
　インターネットを 通じて お金を しはらう しくみ。じっさいの お金が 手もとに なくても スマートフォンなどで しはらう ことが できる。

注文の情報の流れ，お金の流れ，品物の流れがあります。

▶38〜39ページ

8 ｜まちを　守る①　けいさつ

標準レベル＋

ポイント 警察を中心とした地域の安全を守る取り組みについて学習します。どのような危険に対してどのような対策をしているか確認しましょう。

1 次の 絵は まちの 中の ようすを まとめて います。絵の 中の □の うち あぶない ところ 3つに ○を 書きましょう。

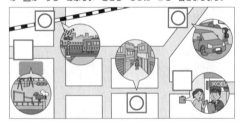

2 まちで 見られる 安全の ための とりくみに ついて，次の 絵に あう カードを ——で むすびましょう。

| ちいきの 人による 登下校の 見守り。 | あぶないことがないか まちの中を 見回る。 | 子どもが 助けて もらえる。 |

3 右の 絵は じこが おきた ときの つうほうや れんらくの しくみを しめして います。次の 問いに 答えましょう。

(1) 次の 文の □□に あう 電話番号を 書きましょう。

［ 1 1 0 ］番

に れんらく します。

(2) 絵を 見て，次の 文に あう ——の 番号を 書きましょう。
● 通信指令室から けいさつしょや パトロールカーに しらせが 行く。　①
● きゅうきゅう車が 消ぼうしょから じこが おきた ところに 行く。　②

ノートにまとめる

●まちの 中の あぶない ところ
　▶車が 多い ところ，人が いない ところ など。
●安全を 守る とりくみ
　▶110番→じこや じけんの ときに 電話する。
　▶けいさつかん→パトロール，交通安全の よびかけ。
　▶ちいきの 人→見守り活動。

じこや じけんの げんいんを 調べるのも けいさつかん。

8 | まちを 守る① けいさつ

ハイレベル＋＋

ポイント 安全を守るために，事故や事件の予防や処理など，警察の仕事はたくさんあります。素早く行うためにくふうされていることに，目を向けられるとよいでしょう。

❶ 次の けいさつの 仕事の うち じこが おきないようにするための 仕事 3つに ○を 書きましょう。

予防の取り組みと，起きた事件・事故の処理に分けられます。

❸ 次の 絵は，まちで 安全に すごす ための くふうです。あとの □に あう 絵を えらび 記号を （　）に 書き

① （う）あぶない ときに 大きな 音を 出して まわりに きけんを 知らせる ことが できる。

② （あ）こまった ときや 知らない 人に 声を かけられたとき，助けを もとめる ことが できる ところ。

③ （い）まちの 中の あぶない ところや 安全な ところを まとめた 地図。自分でも つくって みると よい。

❷ 家から 学校まで 安全な ところだけを 通る ように ── を 書きましょう。

人目がないところなどが危ないところです。

うりょくトレーニング くらべて
3つの うち，あぶない 場所 すべしょう。

歩道がなく危ないです。

○　　　　　○

---

9 | まちを 守る② 消ぼう

標準レベル＋

ポイント 火事に対する備えと，取り組みについて学習します。地域全体で火事を起こさないためのくふうが行われていることを確認しましょう。

❷ 次は 消ぼうせつびの 絵です。あとの 問いに 答えましょう。

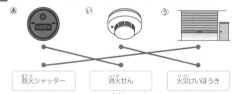

防火シャッター　消火せん　火災けいほうき

(1) あ～うと あう せつびの 名前を ── で むすびましょう。
(2) 次の 文に あう 消ぼうせつびを あ～うから えらび，記号を □に 書きましょう。

① 火事が おきると 光や 音で 知らせる。　い

② 火事が 広がらないように 火を ふせぐ。　う

③ 火を 消すための 水を 出す。　あ

❶ 次の 絵は 火事が おきた ときの ようすです。

(1) ①～③は 何を して いる ようす ですか。あとの ⑦～⑦から あう 記号を えらんで □に 書きましょう。

① ⑦　② ⑦　③ ⑦

⑦ 火を 消す。　⑦ けが人を 運ぶ。　⑦ ひなんを して もらう。

(2) 火事を 見つけたら どのように すれば よいですか。右の 絵を 見て，次の 文の □□に あう 電話番号を 書きましょう。

１１９ 番に 電話を かけて，火事の 場所や けが人が いるかを つたえます。

ノートにまとめる

●消ぼうしょの 仕事
▶火事を 消す。火事を ふせぐ。
▶急な けがや 病気の 人を 助ける。
●まちでは 火事への そなえが ある。
▶消火せん，防火水そうなど。
●くんれんや 点けんが 大切。

きゅうきゅう車で 病院に 運ぶ。手あても する。

防火水そう

水が ためて ある。

9 │ まちを 守る② 消ぼう

ハイレベル ＋＋

❶ 次の 絵と あう カードを ── て むすびましょう。

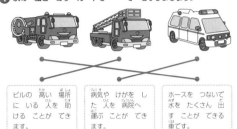

| ビルの 高い 場所に いる 人を 助ける ことが できます。 | 病気や けがを した 人を 病院へ 運ぶ ことが できます。 | ホースを つないで 水を たくさん 出す ことが できる 車です。 |

❷ 次の 絵は，火事が おきた ときの れんらくの しくみを せつめい して います。①〜③が つたわる しせつを あとの ⑦〜⑦から えらび，□に 書きましょう。

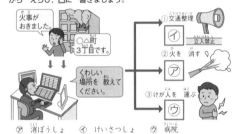

⑦ 消ぼうしょ　⑦ けいさつしょ　⑦ 病院

❸ 次の 絵は，火事に そなえた しせつや とりくみの ようすです。火事を ふせぐ ための ものには ○を，火事が おきた ときに 早く とめる ための ものには △を それぞれ □に 書きましょう。

❤**しこうりょく**トレー

★ 消ぼうしょに 消ぼう車が す。車の 向きが 正しい

消防車は，早く出発できるように，道路に向いてとめられています。

│ 安全を 守る ひみつ

特集④

🔍 けいさつかんの 仕事を 調べて います。── て むすんで 図をかんせい させましょう。

10 | むかしの 道具
標準レベル +

ポイント 道具は生活の変化に合わせて，変わってきました。昔はどのような生活をしていたのか，調べながら学習しましょう。

1 むかしの 道具の ～ 今の 道具を まとめました。む ～ っている カードを あとから さがして □に 道具の 記号を 書きましょう。

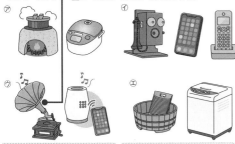

> 蓄音機。レコードに録音された音楽を聞くことができます。

たらいに 水を はり せんたく板の みぞを 使って よごれを 落とします。 **エ**

かまどで 炭や まきを もやして，はがまで お米を たきます。火かげんを 見るのが たいへんでした。 **ア**

はなれた ところに いる 人の 番号を 係の 人につたえて 電話を かけていました。 **イ**

音楽や 音声を 聞く ことが できます。昔は レコードを 読みとって います。 **ウ**

2 いろいろな 道具を 古い じゅんに ならべて ～ きを する 道具を 【れい】～

【れい】 **ランプ**

火のし

> 氷を使って冷やします。

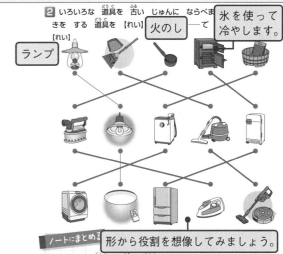

> ノートにまとめる ～

> 形から役割を想像してみましょう。

●むかしの 道具と 今の 道具を くらべる。

むかし	今
●人の 力で 動かす。	●電気の 力や コンピューターを 使った 道具が 多い。
●まきなどを もやして 使う。	
●木や 石が 使われて いるものが 多い。	●きんぞくや プラスチックが 使われて いる。

---

10 | むかしの 道具
ハイレベル ++

ポイント 道具の変わり方には，より良いくらしをしようとする，人々の願いがこめられています。道具の移り変わりのなかに，見つけてみましょう。

1 次の (1)～(4)の 2つの 道具は，同じ やくわりを もって います。2つの 道具の 古い ほうを えらんで，〇を 書きましょう。

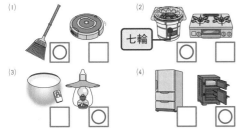

(1) 〇 □
(2) 七輪 〇 □
(3) □ 〇
(4) □ 〇

2 次の 道具の はたらきを あとの 文で せつめいして います。( )に あう 言葉を □から えらんで ～ ましょう。

みの **かさ**

① (ごはんを たく) 道具です。
② 服の (しわを のばす) 道具です。
③ 雨の ときに (ぬれないように する) 道具です。

> へやを あたためる しわを のばす ぬれないように する
> さむさを ふせぐ おゆを わかす ごはんを たく

3 次の ①～③は それぞれ 同じ はたらきを する 道具の 絵です。道具の 古い じゅんに 1，2，3の 数字を □に 書きましょう。

① 1 3 2
② 3 2 1
③ 1 2 3

しこうりょく トレーニング うつりかわりを 考えよう

★ 3の ①～③の うつりかわりを カードに まとめました。カードに あう ①～③の 数字を それぞれ □に 書きましょう。

小さく なって どこに いても 使える ように なりました。 **①**

きかいが 自動で するので ほかの ことが できる ように なりました。 **②**

広い はんいに 使えるように なりました。今の 道具は，夏も 使います。 **③**

ヒント 今の 道具を 使って いる ようすを 考えて みよう。

▶52〜53ページ

11 むかしと 今の くらし
標準レベル+

ポイント　道具だけでなく，くらし方が大きく変わっています。昔のくらしと今のくらしの違いを学習します。おうちの中にある古いものも探してみましょう。

1 次の 絵は むかしと 今の くらしの ようすです。○に あう 文の 記号を あとから えらんで □に 書きましょう。

むかしの くらし　ウ　エ　ア

今の くらし　イ

⑦ くらしに 使う 水は いどから くんで 運んで いる。
④ むかしは ゆかに すわって いたが，今は いすに すわる ことが 多い。
⑦ むかしも 今も かわらない 行事が ある。
④ むかしと 今では 着て いる 服の 形が かわって いる。

2 次の カードの □に，時代が 古い ものから じゅんに 1〜4 の 数字を 書きましょう。

1　着物が ふだんぎだった ころだね。

2　おじいさんが 子どもの ころの ようすだよ。

4　インターネットで，遠くの 人と 話しが できるよ。

3　お母さんが 生まれた ころの ようすだよ。

文を参考にします。順番がわかったら，どのように変わっているかも観察しましょう。

ノートにまとめる

●むかしと 今では
　▶着て いる も……
　▶和食だけでは なく 洋食も 食べるように なった。
　▶電気で 動かす べんりな 道具が ふえた。
●むかしから つづいて いる 行事も ある。
　▶お正月，ひなまつり，たんごの せっく（子どもの 日）など。

おうちの 人に むかしの ようすを 聞いてみよう！

▶54〜55ページ

11 むかしと 今の くらし
ハイレベル++

ポイント　変わっていることもあれば，ひなまつりや端午の節句のような年中行事など，変わらずに受け継がれているものもあります。

1 次の 絵は，むかしの くらしの ようすです。むかしの くらしに あわない ところを 3つ さがして ○を 書きましょう。

2 次の 絵を 見て，①〜③の 文の （　）に あう 言葉を あとの ▢▢▢ から えらびましょう。使わない 言葉も あります。

① ②　③

① むかしの 道具や たてものは 今よりも （　木　）を 使って いる ものが 多いです。
② 今も むかしも （　せつぶん　）と いう 行事が 2月に 行われて います。
③ 今は （　じどう　）で そうじや せんたくを してくれる きかいが ……

木　水

○のグループは形が変わった道具，△は今に伝わる年中行事に関係するものです。

しこうりょくトレーニング　ルールは 何？

★ いくつかの 絵を グループに 分けて います。右の 絵は，○と △の どちらに なりますか。□に 記号を 書きましょう。

○の グループ　

△の グループ　

　○

14

まちの うつりかわり

特集⑤

昔のまちと今のまちのようすをくらべる特集です。写真から，地面，建物，道路や鉄道のようすなどを観察しましょう。

🔍 次の 写真は 同じ ところを とった ものです。写真を くらべて かわった ところを さがして みましょう。

写真1 むかしの ようす(兵庫県 神戸市)

写真2 今の ようす

写真3 国会ぎじどう

今から 90年ほど 前に できたよ。国の せいじを 話しあって いるんだ。

新しい たてものも 古い たてものに にせて たてられて いるよ。

写真4 古い まちなみ(京都市)

沖合に，埋立地(ポートアイランド)が増えています。

絵を かいたり 写真を はったり しても いいね。

●名前

▶どのような もの?

〈省略〉

---

12 | 都道府県の すがた①

標準レベル +

都道府県の入門です。まずは東日本を紹介しています。知っている都道府県がないか，確認しながら進めていきましょう。

1 日本は 47の 都道府県に 分ける ことが できます。次の 地図を 見て あとの 問いに 答えましょう。

地図

北海道
青森県
秋田県
岩手県
群馬県
宮城県
山形県
福島県
埼玉県
栃木県
城県

絵は，名物や 特産品です。

(1) 地図を 見て カードの　　　　　をなぞりましょう。

北海道
青森県
岩手県
宮城県

秋田県
山形県
福島県
茨城県
栃木県
群馬県
埼玉県
千葉県

(2) (1)の うち 知って いる 都道府県の 場所に ○を 書きましょう。あなたの 住む 都道府県が あれば 上から 赤く ぬりましょう。

12 都道府県の すがた①

標準レベル+

1 47の 都道府県について，地図を 見て 答えましょう。

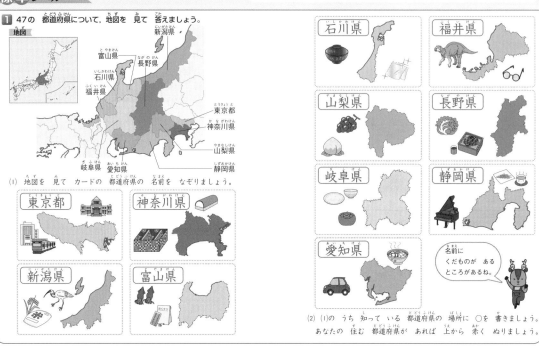

(1) 地図を 見て カードの 都道府県の 名前を なぞりましょう。

(2) (1)の うち 知って いる 都道府県の 場所に ○を 書きましょう。あなたの 住む 都道府県が あれば 上から 赤く ぬりましょう。

---

12 都道府県の すがた①

ハイレベル++

1 次の ①～⑤の 県と，あう 絵や せつめいを ──で それぞれ むすびましょう。

① 静岡県
② 山形県
③ 山梨県
④ 青森県
⑤ 千葉県

海が 見えないよ。

みかんも よく とれる。

北海道と トンネルで つながる。

いろいろな くだものが とれるよ。

大きな テーマパークもあるよ。

2 ☐にある 都道府県の ことを それぞれ カードに まとめました。あてはまる 都道府県の 名前を ひらがなで 書きましょう。

愛知県	群馬県	東京都	新潟県

① ぐんまけん
県の 名前に うまの 漢字が あります。キャベツや こんにゃくいもの 産地として 有名です。

② とうきょうと
日本で 一番 住んで いる 人の 数が 多い 都道府県 です。

③ あいちけん
自…て

日本で一番長さが長い川は信濃川。

④ にいがたけん
長野県と この 県には 日本で一番 長い 川が あります。

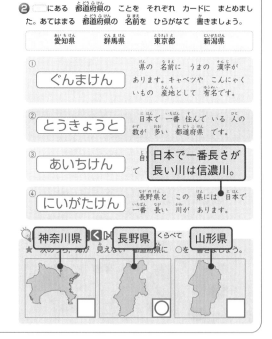

神奈川県 長野県 山形県

★次の うち，海が 見えない 都道府県に ○を 書きましょう。

13 | 都道府県の すがた②

標準レベル⁺

都道府県の入門です。西日本を紹介していま
す。知っている都道府県がないか，確認しながら進めて
いきましょう。

1 次の 地図を 見て 答えましょう。

地図

(1) 地図を 見て カードの 都道府県の 名前を なぞりましょう。

(2) (1)の うち 知って いる 都道府県の 場所に ○を 書きましょう。
あなたの 住む 都道府県が あれば 上から 赤く ぬりましょう。

---

13 | 都道府県の すがた②

標準レベル⁺

都道府県の紹介もあと一息。都道府県に親し
むのが目的。無理に覚えようとせずに，声に出しながら
なぞっていきましょう。

1 地図を 見て 答えましょう。

地図

(1) 地図を 見て カードの 都道府県の 名前を なぞりましょう。

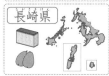

(2) (1)の うち 知って いる 都道府県の 場所に ○を 書きましょう。
あなたの 住む 都道府県が あれば 上から 赤く ぬりましょう。

13 都道府県の　すがた②

ハイレベル++

ポイント　都道府県の名前と特色を結びつけてみましょう。住んでいる都道府県や知っている都道府県を探してみましょう。

❶ 次の ①〜⑤の 県と，あう 絵や せつめいを ―― で それぞれ むすびましょう。

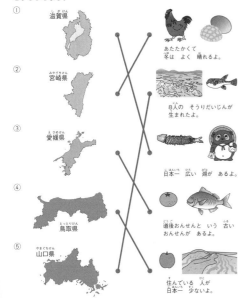

① 滋賀県
② 宮崎県
③ 愛媛県
④ 鳥取県
⑤ 山口県

- あたたかくて 冬は よく 晴れるよ。
- 8人の そうりだいじんが 生まれたよ。
- 日本一 広い 湖が あるよ。
- 道後おんせんと いう 古い おんせんが あるよ。
- 住んでいる 人が 日本一 少ないよ。

❷ ◻︎にある 都道府県の ことを それぞれ カードに まとめました。あてはまる 都道府県の 名前を ひらがなで 書きましょう。

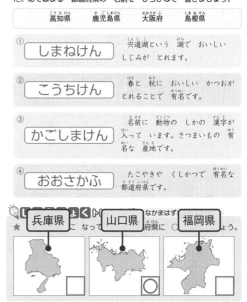

| 高知県 | 鹿児島県 | 大阪府 | 島根県 |

① しまねけん　宍道湖という 湖で おいしい しじみが とれます。

② こうちけん　春と 秋に おいしい かつおが とれることで 有名です。

③ かごしまけん　名前に 動物の しかの 漢字が 入って います。さつまいもの 有名な 産地です。

④ おおさかふ　たこやきや くしかつで 有名な 都道府県です。

いっしょにやってみよう！　なかまはず

★　◻︎に なっている 都道府県に ◯をしよう。

兵庫県　山口県　福岡県

都道府県の　むかしと　今

特集⑥

ポイント　都道府県になる前は地域ごとに別の名前でよばれていました。どこがどの名前になっているかそれぞれ確認しましょう。

🔍 次の 地図は むかしの 日本の 地図です。すきな 都道府県の 名前と その 都道府県の むかしの 名前を 右ページの 下の 表に 書いて みましょう。

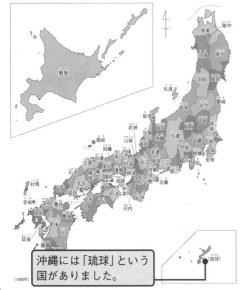

沖縄には「琉球」という 国が ありました。
(1868年)

1位	北海道
2位	岩手県
3位	福島県

住んで いる 人数	
1位	東京都
2位	神奈川県
3位	大阪府

漢字が むずかしい ものは ひらがなで 書こう！

〈例〉

今の 名前		むかしの 名前
北海道	←	えぞ
福島県	←	いわき,いわしろ
長野県	←	しなの
奈良県	←	大和
熊本県	←	ひご

14｜都道府県の まとめ
標準レベル +

1 次の 地図を 見て，あとの 問いに 答えましょう。

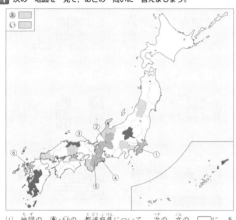

(1) 地図の あ・いの 都道府県について，次の 文の □に あう 漢字を 1字で 書きましょう。

 あ 名前に，漢字の │山│が 入る。

 い 名前に，漢字の │川│が 入る。

(2) 次の 動物の 名前を 表す 漢字が 入る 都道府県を 4つ さがして，前の ページの 地図に 色を ぬりましょう。

 うま　 とり　 くま　 しか

(3) 地図の ①〜⑥は，ひらがなで 書くと，2文字に なる 都道府県です。①〜⑥の 都道府県の 名前を ひらがなで 書きましょう。

① │ちば│県　② │ぎふ│県

③ │しが│県　④ │みえ│県

⑤ │なら│県　⑥ │さが│県

ノートにまとめる

● 「山」が つく…山形県，富山県，山梨県，
　　　　　　　　和歌山県，岡山県，山口県。
● 「川」が つく…神奈川県，石川県，香川県。
● 動物の 名前が 入る…群馬県（うま），鳥取県（とり），
　　　　　　　　　　　熊本県（くま），鹿児島県（しか）。
● 2文字…千葉県，岐阜県，三重県，滋賀県，奈良県，佐賀県。

14｜都道府県の まとめ
ハイレベル ++

1 いろいろな 都道府県の ランキングを 調べました。①〜④の カードに 出て くる 都道府県の 場所を あとの 地図から さがして すきな 色に ぬりましょう。

① 島の 数が 多い	
1位 長崎県	… 971島
2位 鹿児島県	… 605島
3位 北海道	… 508島

② 雨・雪の 日が 多い	
1位 石川県	… 194日
2位 秋田県	… 192日
3位 富山県	… 186日
	(2020年)

③ 1年に 日が あたる 時間	
1位 高知県	… 2310時間
2位 山梨県	… 2250時間
3位 静岡県	… 2245時間
	(2020年)

④ のうかの 数が 多い	
1位 茨城県	… 44009けん
2位 新潟県	… 41955けん
3位 福島県	… 41671けん
	※団体・法人をのぞく (2020年)

カードべつに 色を 分けても いいね。

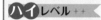

（①(4)内閣府資料，②③厚生労働省資料，⑤「データでみる県勢 2022年」より）

2 都道府県の 名前で しりとりを しました。□に あてはまる 都道府県の 名前を ひらがなで 書きましょう。

│とちぎ│→│ぎふ│→│ふくおか│
スタート

│かながわ│または│かがわ│→│わかやま│
ゴール

しこうりょくトレーニング　ルールは どれかな

★ 次の 都道府県は，どのような なかまですか。あう ルールに，

│群馬県│しょ│長野県│　│山梨県│　│奈良県│

ひらがなで 2文字　　海が ない　　南に ある

15｜日本と　世界の　おもな国

標準レベル +

世界各地のいくつかの国の国旗と，有名なものなどの絵をまとめています。まずはいろいろな国に親しみをもつことが大切です。

1 世界の　国の　名前と　有名な　ものを　カードに　まとめました。次の　地図を　見ながら　カードの　国名を　なぞりましょう。

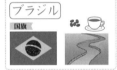

15｜日本と　世界の　おもな国

ハイレベル + +

主な国の名前と特色を結びつけて，理解を深める学習です。紹介している名物はほんの一部ですので，他にもないか調べてみましょう。

❶ 次の　①〜⑥の　国の　国旗と，その　国の　有名な　ものを　――で　むすびましょう。

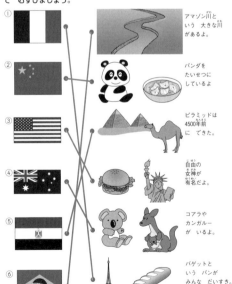

アマゾン川という　大きな川があるよ。

パンダをたいせつにしているよ

ピラミッドは4500年前にできた。

自由の女神が有名だよ。

コアラやカンガルーが　いるよ。

バゲットというパンがみんな　だいすき。

❷ 次の　地図を　見て，あとの　①〜③の　文が　せつめいする　国の　名前を　地図から　さがして　書きましょう。

① ちきゅうで　日本の　ちょうど　うらに　あります。サッカーが　さかんな　ことでも　有名です。　（アルゼンチン）
② えいごが　生まれた　国です。紅茶を　よく　飲む　しゅうかんが　あります。　（　イギリス　）
③ カレーが　生まれた　国です。とても　たくさんの　人が　住んで　います。　（　インド　）

🔍 しこうりょくトレーニング　同じ　ところは　なにかな？

★ ❷の　地図を　見て，□に　あう　漢字を　1字で　書きましょう。

日本と　イギリスは　どちらも　海　に　かこまれて　います。